科学家的图书馆

世界历史上，记录人类知识进步的科学巨著

[英]布赖恩·克莱格 著

曹怡 尹妮 褚波 译

重庆大学出版社

图书在版编目（CIP）数据

科学家的图书馆 / (英) 布赖恩·克莱格
(Brain Clegg) 著；曹怡, 尹妮, 褚波译. -- 重庆：
重庆大学出版社, 2024. 9.
　ISBN 978-7-5689-4547-9
　I. Z228
　中国国家版本馆CIP数据核字第2024KH5349号

First published in the UK and North America in 2019 by Ivy Press,
An imprint of The Quarto Group
© 2019 Quarto Publishing plc
All rights reserved.
One Triptych Place, London, SE1 9SH
United Kingdom
T (0)20 7700 6700
www.Quarto.com
版贸核渝字（2019）第 210 号

科学家的图书馆
KEXUEJIA DE TUSHUGUAN

[英]布赖恩·克莱格　著

曹怡　尹妮　褚波　译

责任编辑：王思楠
责任校对：王　倩
责任印制：张　策
内文制作：常　亭

重庆大学出版社出版发行
出版人：陈晓阳
社址：（401331）重庆市沙坪坝区大学城西路 21 号
网址：http://www.cqup.com.cn
印刷：北京利丰雅高长城印刷有限公司

开本：787mm×1092mm　1/16　印张：17.75　字数：382千
2024年9月第1版　2024年9月第1次印刷
ISBN 978-7-5689-4547-9　定价：88.00元

目录

导 论

拉丁语"*scientifica*"指产生知识的事物，从广义上来看，"科学"（*science*）指我们对宇宙和宇宙中所有事物的理解。在科学发展进程中，有一项"发明"起到了关键作用。它不是大型强子对撞机那样精密复杂的硬件，也不是爱因斯坦广义相对论那样水平顶尖的概念，它是我们更为熟悉的事物。如果没有这项"发明"，我们将只剩下坊间传说和谜团，它就是"文字"。从概念上讲，文字是一种技术，它将交流从时间和空间的限制中解放出来，打破此时此地的桎梏。

大多数动物，甚至一些植物在某种程度上都能够进行交流，但这种交流通常仅限于当时当地，之后就不存在了。不过文字超越了这一限制。我们从书架上拿起一本书，可以读到千里之外，几百年前甚至几千年前作者写下的文字。在我的书架上，我和已经逝世作者的交流可能要比和在世作者的交流更多——当然，我拥有的书极少是由恰好住在我附近的作者写成。写作需要时间和空间。正因如此，科学得以发展。

对于科学来说，文字的力量在于书籍充当了思想和发现的储存媒介，这样我们就不必每次都从轮子造起。科学发挥作用，离不开前人的发现和理论基础。艾萨克·牛顿有句名言——可能引自罗伯特·伯顿——"如果我看得更远，那是因为我站在巨人的肩膀上。"牛顿能借鉴前人的思想，这要归功于文字。自人类开始寻找对观察到的事物的合理解释以来，过去2500多年间，书籍一直是一种极为重要的科学传播方式。

在将古希腊世界、第一个千禧年后期（500—1000年）的伊斯兰科学家、中世纪欧洲科学家联系在一起的复杂著作网中，书籍能跨越时间和空间限制的优势得到了很好的体现。泰勒斯是公元前600年左右古希腊米利都学派的始祖，也是最早将对自然物质世界的解释从神话转向更接近科学

观点的人之一。古希腊人追随泰勒斯革命性的思想，写下了许多科学主题的著作。

随着古希腊文明的衰落，图书馆被洗劫一空，许多古希腊时期的著作都失传了。仅举一例就能让我们深刻地感受到这一点。在一本名为《数沙者》的奇特小书中，公元前 3 世纪的杰出数学家兼工程师阿基米德试图计算出多少粒沙能够填满宇宙（他当时所指的"宇宙"，范围大致相当于我们现在公认的太阳系）。这个问题并不像听起来那么荒谬，反而很有价值。当时，古希腊的数字系统非常有限。最大的命名数字单位是万——10000——这意味着在当时人们普遍认知中的最大数字是一万万，也就是一亿。但阿基米德想通过设计一种新的、能够轻松处理任何所需值的数，来证明计数可以远远超出一亿的限制。所以，他试图用计算沙粒这样不同寻常的方式，来展现数可能具备的灵活性。

时光流逝，《数沙者》留存至今，但这本书中参考的另一本书却已经失传了。如果不是阿基米德在《数沙者》中提到了它，我们甚至无法知道它存在过。当时，为计算出所需沙粒的数量，阿基米德首先运用几何学来估算宇宙的大小。他的估算基于当时公认的天文学模型（地球处于宇宙中心，万物围绕地球运转）。但阿基米德也在书中指出：

> 萨摩斯岛的阿利斯塔克出了一本书，书中提出了一些假设，这些假设前提导向的结果是，宇宙要比现在公认的大很多倍。阿利斯塔克的假设是：恒星和太阳固定不动，地球围绕着太阳做圆周运动，而太阳位于地球运动轨道的正中央……

阿布·阿卜杜拉·穆罕默德·伊本·穆萨·花拉子密
《移项和集项的计算》（副本），1342 年

这本书涵盖了代数、历法、继承等内容，是公元 820 年左右到 16 世纪最重要的数学教材之一。

阿利斯塔克的这本书，阿基米德曾参考过，但现已失传。这本书是世界已知范围内，最早透露出后来哥白尼日心说迹象的。和其他许多已失传的古希腊作品一样，我们永远无法知道阿利斯塔克这本书的具体内容了。

古罗马帝国衰亡后，古希腊人的著作在欧洲也基本上被遗忘了，而古伊斯兰文明对科学的兴趣日益浓厚，所以幸存的古希腊著作就被翻译成了阿拉伯语，由此还诞生了许多新的科学作品，尤其是在数学、物理学和医学这三个方面。阿布·阿卜杜拉·穆罕默德·伊本·穆萨·花拉子密生于公元 780 年左右，出生地大致是现在的伊拉克首都巴格达。他写下的《移项和集项的计算》就是一个很好的例子，展现出在这一时期书籍焕发出新的生命力。这本书的影响范围很广，不只局限在伊斯兰文明内。虽然直到 13 世纪，一些古希腊作品才开始重回欧洲视野，但早在 12 世纪，欧洲就首次开始翻译阿拉伯作品——其中，既包括古希腊著作的阿拉伯语译本，也包括像花拉子密这样的学者的原创著作。《移项和集项的计算》在向西方介

古希腊和阿拉伯哲学，14 世纪

左图描绘了希波克拉底（公元前 460 年—公元前 377 年左右）、侯奈因·伊本·伊斯哈格（公元 808 年—公元 873 年）、盖伦（公元 129 年—公元 199 年左右）讨论思想的情景；右边的插图展示了一位阿拉伯抄写员正在抄写哲学文本。

绍实用代数方面起到了带头作用，"代数"（algebra）一词就来自该书的阿拉伯语书名"al-ǧabr"。花拉子密向读者表示，这本书对"继承、遗产、分割、诉讼和贸易"都很有帮助。

因此，多亏了书这一媒介，古希腊的思想得以在阿拉伯语世界传播，进而启发了一批新兴科学家、医学家和数学家。除此之外，古希腊著作的阿拉伯语译本和伊斯兰作家的科学著作将在欧洲掀起一场科学革命。这些书将来自不同世纪、地理位置，用着不同语言，有着不同文化的思想家联系起来。书籍将一切联系在一起。

记录下的文字

当然，和最早期的科学书相比，人类传递书面信息的物理方法已经发生了多次变化。希波克拉底或亚里士多德观念中的书，肯定与现代 Kindle 上的电子书有很大的不同。古希腊时期，书的形式是卷轴——由连续的书写材料卷成的圆筒状物。卷轴这一形式，是古希腊人从古埃及人那里继承来的。古埃及时期，卷轴的标准材料是用芦苇制成的莎草纸。后来羊皮纸（经过处理的动物皮）又逐渐替代了莎草纸。

坐着的抄写员，公元前 2500—公元前 2350 年左右

古埃及第五王朝的雕像，抄写员正在莎草纸上书写。

对于文本相对较短的书来说，卷轴相当实用（这也是《圣经》这样的古籍，在现代人看来很短的一个原因），但当文本变长时，卷轴这一形式就会遇到困难。一捆卷轴可能有好几米长，它既笨重，又很容易缠在一起。较长的卷轴，通常两端会有书轴，但在阅读时转动书轴很不方便。读者须先转动一个书轴展开卷轴，然后转动另一个书轴一直向内收。根据文本的方向，读者要么像自动提词器一样顺着卷轴纵向连续阅读（这对于手腕来说是很重的负担），要么在文本像书页一样分块印刷的情况下，横向阅读。但文本像书页一样分块印刷时，读者转到下一"页"文字时不连贯，就会耽误很久。如果读者不打算从头到尾地阅读完整本书，只是想找到某一特定段落，这种像书页一样分块印刷的版式就特别麻烦。

尽管古罗马对科学本身的贡献微乎其微，但古罗马人在公元 1 世纪设计出的手抄本，极大地推动了科学（以及一般意义上的文学）的发展。手抄本是我们通常所说的书的最传统的形态——由一沓纸装订在一起，可以

两位抄写员，公元前 2400 年左右

第五王朝的浮雕，出自古埃及首都孟菲斯的塞加拉大墓地。

手持书的女人，公元 1 世纪

古罗马庞贝城墙上的画像，一位叫作萨福的女人手持一本书和一支笔。

快速地翻到特定位置，轻松地一页一页地阅读。和卷轴相比，手抄本也更容易复制——书的形态是否易于复制，是传播科学知识的关键。由此，一整个图书复制行业兴起，尤其是在宗教机构内部，这就使得书这一形式对科学理论传播的效果远超之前。印刷术的发明，让图书复制迎来了第一次繁荣发展，将文字从一种只有少数人可负担的、极其昂贵的交流工具转变为一种大众由此能够接触到科学的途径。

早期的印刷机通常是在木块上镜像雕刻文字和图像，然后通过墨水在纸上显现出内容。在现代摄影技术出现前，书中的插图都由木刻技术（以及后来利用水油不相混合的原理，在石板或金属板上进行的平版印刷工艺）来展示。但是，木刻的制作速度很慢，无论一本书的篇幅有多短，都不太可能只用木刻这一种方法印刷完整本。尽管如此，从9世纪开始，中国就开始用木刻的方法制作短卷轴。世界上现存最早的木刻雕版印刷品是在中国敦煌出土的《金刚经》（868年）。后来，中国人发明了活字印刷术，继续用木块来印刷书。

和许多伟大的创意一样，活字印刷简单易行。当时人们想到，与其每印一本书都将每一页单独雕刻成一整版，不如制作大量的小块，每块上只

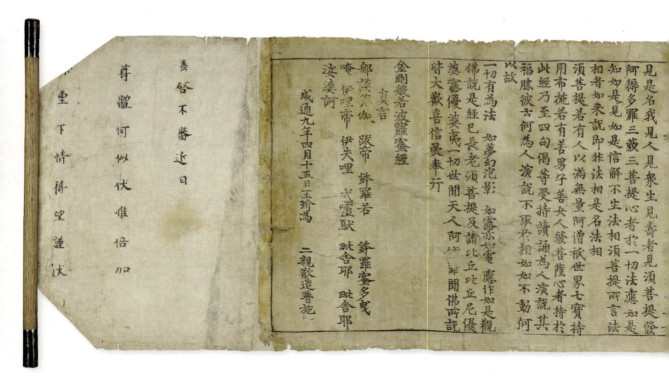

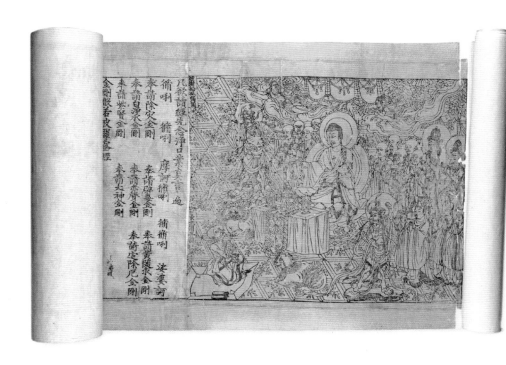

《金刚经》（副本），868 年

中国敦煌出土的《金刚经》（下图）是世界上最早的印刷书。它由 7 块雕版印刷而成，包括一幅卷首插图（左图）。

刻单个字符，然后将小块组合在一起，形成一页的内容。组合好的页面可以一直使用，直到印刷完成后再拆除，这样印下一本书时就能再次利用每个小块，组合出新的页面。把小块组合成一整版页面（这一过程叫作排版）需要相当长的时间——直到19世纪引入机械排版设备——但这也只相当于辛苦地复制几页手稿的时间，之后就可以按照所需数量，印刷出尽可能多的副本。

　　中国早期的活字印刷模块主要由陶瓷或木头制成，最早出现在11世纪。世界范围内最早的活字印刷书是中国的《玉堂杂记》（1193年），由黏土烧制而成。到了14世纪，材料变成了更耐用的金属。然而，尽管中国更早发明出活字印刷术，但活字印刷在中国并没有像它在15世纪引入欧洲时那样迅速流行起来。这似乎和规模效应有关。不考虑标题的特殊字体，使用罗马字母的印刷厂只需要生产出50种左右的字符（包括小写和大写）。由于中文字符数量要多得多，所以对于中国的印刷工匠来说，活字印刷是要比雕版印刷轻松，但和欧洲相比，好像还是要麻烦一些。

转盘式铅字盘，1313 年

王祯的《农书》中提到的转盘式铅字盘，上面的字块单个可移动，主要按韵法排列。

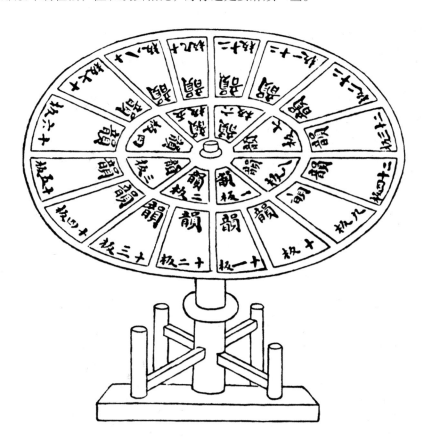

TYPOGRAPHIA HARLEMI PRIMVM INVENTA
Circà Annum.1440.

Zaenredam
invent.

velde
sculp.

Currat penna licet, tantum vix scribitur anno,
Quantum uno reddunt præla Batava die:
Addidit inventis aliqund Germania tantis
Hollandus cæpit. Theuto peregit opus.

P. Scriverius.

木版画，1562 年左右

这块木质雕版由意大利艺术家乔治·利贝拉莱绘制、沃尔夫冈·迈耶佩克雕刻，用作意大利植物学家彼得罗·安德烈亚·马蒂奥利《药草》（1562 年）、《新药典》（1563 年）和《论药物评注》（1565 年）书中的插图。

从科技文献到大众传播

　　穿越科学写作的不同时期，我们会发现文献可获得性发生的转变和科学图书的转变是相匹配的。最初，书是自然哲学家（"科学家"一词的前身，19世纪30年代，"科学家"这个词才诞生）与同行交流的方式。在欧洲，当时撰写这类书的标准语言是拉丁语。这种共同语言让国家与国家之间传递信息更方便，就像今天科学论文的标准语言是英语一样。然而，这也是一种有意识的机制，将信息的获取限制在专家范围内。中世纪的自然哲学家就是这样做的，例如13世纪的英国修士罗杰·培根主张不让科学知识进入普通大众视野。罗杰·培根认为，"给驴提供生菜是愚蠢的，因为蓟足以让它满足"。

　　不过，到了17世纪，这种态度发生了变化。伽利略用意大利语而不是拉丁语写下他的科学杰作，就是想面向大众。艾萨克·牛顿也曾打算将《自然哲学的数学原理》的第3卷面向更广泛的读者，但在与同事发生争执后，他改变了主意。因为会有其他作家专门针对更广泛的受众读者，简化重量级的科学专著。例如，18世纪的法国科学家兼作家夏特莱侯爵夫

莫里斯·康坦·德·拉图尔
《夏特莱侯爵夫人》，油画，
18世纪

法国科学家兼作家夏特莱侯爵夫人的画像。

人——她在《物理学教程》中对现代科学进行了让人印象深刻的述评——她不仅将牛顿的代表作《自然哲学的数学原理》翻译成了法语，还写下了评注，让大众读者更容易理解这本书。

随着科学机构逐步建立，如 1660 年英国皇家学会在伦敦成立，科学期刊开始更集中地在专业人士之间传播科学思想。直到 19 世纪末，科学家仍在为他们的同行写书（而学生们需要的却是教科书），这些书逐渐被面向大众的书籍取代。在这两种科学交流模式之间，有一个很好的例子是 19 世纪 30 年代查尔斯·莱尔的《地质学原理》。这本书分为 3 卷，虽然专业性较强，但带有彩色插图，向大众传递了当时地质学的最新思想——深刻地指出地球的年龄要比之前假设的大得多——由此吸引了更广泛的读者。同样，19世纪伟大的英国苏格兰物理学家詹姆斯·克拉克·麦克斯韦的《热学理论》也非常易于理解，"整本书的语言通俗易懂，且结论惊人"。

在现代，尽管科学家之间的交流大多以电子邮件、论文和新闻公告为主，但书仍然是和更广阔世界展开科学交流的一大重要形式。从这个意义上说，书已经从专家间进行内部交流的工具转变为一种更大众的存在。科

查尔斯·莱尔
《地质学原理》，3 卷本，
1830—1833 年

英格兰东南部地质图：出自
第三卷中的彩图。

学书让我们所有人都能更好地理解科学最新的进展，以及科学如何影响我们的生活。

封面标准化

当科学交流迈向更广阔的范围时，书的封面材料也发生了变化。任何一本英国维多利亚时代之前的书，它们的封面材料大都是皮革或织物，除了书脊上有一些装饰外，几乎没有什么地方能看出一本书和另一本书不同。这是因为直到 19 世纪末，许多书在印刷时就没有封面——出版商只提供内页，然后把它们送到装订工手里。装订工将按照购书者的要求为这本书制作封面，以便与购书者藏书馆中其他书的封面相匹配。

随着阅读人群开始扩大，更多的书采用便宜的纸张或纸板封面的形式出版，以加快书的制作过程。但值得注意的是，例如在 19 世纪 50 年代，先锋动态摄影师埃德沃德·迈布里奇前往美国时，他的第一笔收入来源是将未装订的书从英国伦敦印刷出版公司运到美国装订出售，最初是在纽约，然后转移到了旧金山。

一本书要有一个统一的、带插图的出版商封面这件事，是科学书发展到相对现代的阶段才有的一种形式补充。即使是在 20 世纪上半叶，大多数面向公众的科学书在外观上都相当无趣。当时人们认为，对于科学这一题材来说，任何过于大众化的尝试都不合适。事实上，许多为大众写作过的科学家都遭到了同行的反对，这些同行认为让真正的科学家做这样的事是一种浪费。直到 20 世纪 60 年代，科学书的封面才真正开始匹配书中的内容，满足读者的期待。

1988 年，史蒂芬·霍金出版了《时间简史》，虽然它不是历史上第一本畅销书，但可以算得上是第一本畅销科普图书。有人调侃说："这是一本很奇怪的书，它永远被放在书店最好的位置，而它又是一本许多人都看不懂的书。更奇怪的是，尽管许多人完全看不懂这本书，但还是会买一本放在自己的书架上。"更重要的是，《时间简史》让出版商意识到大众对科普书有兴趣。自《时间简史》出版以来，科普书蓬勃发展，每年有成千上万种新书出版。

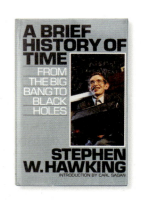

史蒂芬·霍金
《时间简史》，1988 年

这是第一版《时间简史》，对科普的发展产生了巨大的影响：后来，科学家兼科普作者卡尔·萨根所作的导论被霍金自己的取代。

书籍装订工坊，18世纪

这幅版画展示了一个工坊，工人们在这里装订书籍，以便与购书者藏书馆中的其他书相匹配。

伯索尔公司书籍装订工，1888年

19世纪末，工人在英国北安普敦的书籍装订公司工作。

　　自书面文字出现以来，科学书的基本特征一直在发生变化。但它仍然是科学进步且与我们社会息息相关的重要标志。科学和书携手锻造了人类的未来。

关于本书

在《科学家的图书馆》中，我们将一起探索科学书约 2500 年的发展历史，分为五个时期。"古代世界"从最早一本科学书开始介绍，一直到公元 1200 年左右。"印刷引发的文艺复兴"一直延续到 18 世纪末，我们会看到书的形式从古代手抄本转向印刷，同时科学书的性质和受众也发生了改变。"现代古典时期"涵盖了 19 世纪，我们会看到随着科学逐渐发展成熟，科学写作的作用开始转变，期刊成为科学家之间交流的主要载体，让科学书拥有了更广泛的受众。

"后古典时期"和"新一代"涵盖了 20 世纪和 21 世纪，这两个世纪见证了科学以及科学写作性质的巨大变化。"后古典时期"这一章展现出从事科学研究的方式发生了转变，从一种兴趣为主的业余活动，变为一种专业化程度极高的职业。在科研工作中，需要用到数学的地方呈指数级增长，同时比起仅仅收集信息，科学理论（有时甚至是反直觉的）变得更加重要。1980 年左右，后古典时期结束，进入新一代，现代科普书开始占据主导地位。在这时，许多重要的科普书都由顶尖科学家撰写，并且在写作时对读者都倾向采取高人一等的姿态。但后来，除了一些明显的例外，科普书都是为更有鉴赏力的读者而写，读者期望读到文笔更流畅且更易读懂的科普作品。

书中的每一章都提到了大量不同的书，展示了书的使用方式，以及随着时代变迁书的变化。通常我们的目光只聚焦在文字作品上，但这一次，

书籍发展时间线

古巴比伦美索不达米亚的泥版书
公元前4000 年左右

古埃及石刻
公元前2600 年左右

我们也探讨了越来越流行的由电视节目衍生出的书。毫无疑问，在本书最后的"新一代"时期，电视节目的衍生书已经成为科学写作的重要组成部分。

通过这些书，我们也可以看到现代科学传播的历史——以及科学本身——在向前发展。从 14 世纪开始，科学蓬勃发展的原因仍有争议（尤其是在欧洲和北美），但它似乎是由贸易财富增长、运气（特别是成为工业革命的起源地）和宗教压制相对减轻等因素共同驱动。近几年，中国和印度等国家再次成为科学大国，但在科学写作上还没有体现出来，部分原因可能是英语在科学通用语言上占据了主导地位。尽管伟大的科学传播者来自世界各地，但大多数科学论文是用英语发表的，也是出于同样的原因。

末日论者总是在宣告书籍已死，但科学书经历了五个历史时期依然尚存，且保持着蓬勃生机，并且在未来也会如此。书的性质可能已经发生了变化，但它仍然是一个将人类与宇宙联系起来的无与伦比的机制。一个电视节目或一个短视频只能触及一个话题的表面。一小时的节目通常无法承载一本书中一个章节的内容。一本科学书能让读者以许多不同的方式理解一个主题，并以自己的速度处理信息。比起只看图片或者只听音频，书能让读者更深入地领会内容。

自文字出现以来，书一直是一座灯塔，照亮人类的进步——愿它一如既往。

古罗马手抄本
公元100 年左右

欧洲活字印刷术
1440 年

世界上第一本有声书
1932 年

世界上第一部印刷书
868 年

世界上第一本盲文书
1837 年

亚马逊Kindle 电子书阅读器
2007 年

古代世界

奠定基础

几个世纪以来，关于是什么让人类区别于动物，一直存在争论。生物学家通常认为和其他动物相比，智人这个物种并没有什么特别之处。在生物学界，"例外论"一词含有贬义，用来描述试图赋予人类特殊地位的行为。当然，在人类的所有能力中，其他动物无法以某种方式复制的很少。然而，智人在适应生活环境的集体能力方面远超其他物种，而驱动这种能力的似乎是创造力。

20多万年前，智人首次进化时就展现出了这种非凡的特质。创造力意味着人类不只是简单地接受事物呈现出来的结果，活在当下；还可以跳出当下思考问题，比如"为什么会出现这种现象"或者"如果我这么做会发生什么"又或者"我能做些什么来改变它"。

当早期人类的目光超越基本生存，开始关注大自然的力量——从太阳、星星到闪电和飓风的毁灭性力量——对"为什么会有这些现象"这个问题的第一反应是：涉及神或者魔法。当时的假设是，一定存在超自然的力量，它的行为永远超出人类理解的范围，但人类可以通过仪式平息它。然而，随着人口聚集形成早期城市，人类开始有机会采取现在我们认为"更科学"的方法来探究这类问题。

首先是对数字的使用（尽管数学可以说是一门独立于科学的学科，但它与科学的联系非常紧密，所以我们也将数学的发展视为科学史的组成部分）。更准确地说，最早出现的是计数，这种计数机制不需要用到数字。比如说，一位邻居向你借了几块面包，你想确保借出的面包最终都归还了。在没有数字的情况下，邻居每拿走每一块面包，你就可以在安全的地方放一块鹅卵石。当他们每还一块面包时，你就可以扔掉一块对应的鹅卵石，直到扔完所有鹅卵石为止。

因为没有留下确切的记录，所以我们无从得知这种计数系统具体使用了多长时间，但在一些已发掘的古代骨骼上似乎存在计数的标记。伊尚戈骨是狒狒的腿骨，距今已有两万多年的历史，是在现在的乌干达共和国和刚果民主共和国边境处发现的。它上面有一连串的刻痕，人们普遍认为这是在计数。距今更远的四万多年前的莱邦博骨上也有一连串刻痕，但关于这串刻痕是什么尚存争议。

这些骨器可以看作是最早的书面记录。与莱邦博骨年代相近的一些早期洞穴壁画呈现了另一种交流形式，这种形式有潜力在一段时间内建立起传统。

伊尚戈骨，公元前 20000—
公元前 18000 年左右

这些狒狒腿骨上的一连串刻
痕被认为是计数标记，现
存于比利时皇家自然科学
学会。

对于用骨器计数的人来说，长期保存书面记录可能没有太大意义。但随着城市发展和贸易增长，记账的需求产生了，这意味着人们开始保存书面记录。在当时，这可能只是财务交易的标记，然而，保存信息供未来使用和分享信息的能力，对形成科学的世界观非常重要。

从计数到文字

经过几个世纪，直观的图画和基于简单刻痕的计数发展成了象形图。顾名思义，象形图建立在图画的基础上，但和洞穴壁画不同的是，象形图被设计成了一种标准形式，用来代表单个不同的概念。现代一些汉字仍然采用这种形式，例如"门"这个字看起来仍然有点像一扇门。

经过一些思考，象形图也可以用来表达不那么具体的概念。例如，一系列象形图可以用来表达将面包放进篮子的过程。如果我们依次看到一条面包、一只手，然后那条面包出现在篮子里，那么信息就相当清楚了。（至于现代使用象形图传达信息的示例，可以参考宜家的说明书。）在这种基本形式中，没有单独的符号来表示"到……里面"，这意味着我们需要大量的象形图来表达这类含义。例如，我们需要用不同的符号来区分"篮子里的面包"和"篮子里的狗"。不难想象，我们会用像箭头一样的符号来表示"到……里面"这样的关系。这样，就简化了需要用到的图的数量，只需要面包（或狗）、篮子以及箭头。像箭头这样的符号被称为表意文字，它们表示的事物通常比物体或动作更加抽象。

正是这种逐渐抽象的发展促使了图画文字的形成，图画文字是现代文字的雏形，至少有 6000 多年的历史了。图画文字的一个早期例子是在当时的特兰西瓦尼亚（今天欧洲的罗马尼亚）发现的一块泥板书，上面刻画了包括象形图和线条在内的各种符号。现在我们还不知道它们是什么含义，有可能是纯粹的图画装饰，但大多数人认为它们不只是装饰，而是文字的前身，在以精心组织的方式传递信息。

古埃及象形文字和图画文字在一些方面很相似，它也结合了象形图和表意文字，但结构更为独特。象形文字的符号不只在一个词中出现，还可以重组成为另一个词的一部分，从而通过组合各种符号构建复合词，减少

中国古代的"门"字

尽管已经很有非写实的艺术效果，但从中仍然能看出像带横档的传统门。

需要用到的图画数量。通常，人们倾向于认为圣书体是古埃及的标准文字，因为在古墓和壁画上出现的都是它们。但事实上，圣书体是因特殊情景而发展起来的一种正式书写方式，对日常使用来说它太复杂了。另一种同时发展出来的字体是僧侣体，僧侣体需要用到的符号更少，符号也更不写实，这种字体与汉字相似，写起来比圣书体更快。

然而，古埃及并不是最早发展出非写实文字系统的文明。在公元前3600 年左右，这个地区的另一个古代文明苏美尔（后来发展为古巴比伦文明）发明了楔形文字，成为世界已知最早的文字系统。楔形文字表最初用笔刻下的标记来代表数字，用基于象形图的形式来代表文字。一千年以后，楔形文字变得更加不写实，所有字符都由古代刻写用的尖笔（stylus）在泥板上刻下的楔形标记组合而成：这也是"样式、风格、体"（style）和"非写实的、有艺术效果的"（stylised）两个英语单词的起源。

欧洲所有字母都有对应的希腊字母（alpha 和 beta 是希腊字母表中的前两个），但背景更复杂。它似乎起源于古代巴勒斯坦地区迦南人使用的迦南字母。迦南字母有些类似字母表，但它没有元音，元音由重音符号来表示，阿拉伯语和希伯来语都由"现代迦南字母"——腓尼基字母演化而成。大

古埃及女王涅弗尔塔利基地的壁画，公元前 12 世纪

涅弗尔塔利的墓室位于埃及古城卢克索皇后谷，里面以《死亡之书》中的几章节选和场景为特色。三个精灵守卫着奥西里斯王国的第二扇门，源自书中的第 144 章。

古希腊石碑，公元 163 或 164 年

石碑是刻有铭文的石板，通常用作墓碑或界碑。这块石碑的顶部记录着与标题同名的执政官（首席法官）菲利斯泰德斯和青年军事教练克劳狄乌斯，剩下的铭文列出了其他教练和正在接受训练的人的名字，以及各种节日和活动。

里昂石碑，公元 48 年

这块石碑上的拉丁文记录了罗马帝国皇帝克劳狄一世的演讲，他支持来自高卢的卓越公民进入参议院。

约 3500 年前，中东部分地区在使用最初的迦南字母，地中海东岸的腓尼基人也使用它，这让它成为希腊字母和阿拉米字母的起源。然而，在公元前 1000 年左右，希腊字母成为第一个元音由单独字符表示的真正的字母表。

大多数西方国家使用的字母表通常叫作拉丁字母或罗马字母；西方的大写字母与罗马人雕刻碑文时使用的字母几乎相同，它们相当于古埃及的圣书体。（字符集并不完全相同，因为古罗马人没有单独的字母 J 和 U，用的是 I 和 V，雕刻起来更容易。）与古埃及的僧侣体一样，古罗马人也有一套日常使用的字体，叫作罗马草书，它可以变形为西方现代的小写字母。对于古罗马人来说，这是两种完全不同的字体，不会混合使用，但在古罗马帝国衰亡后，人们尝试了多种组合方式，例如使用大写字母强调新的一段文字，或者用大写字母突显名词（现代德语中仍会这样用）。

然而，首次引入这些字母时，它们还不叫"大写字母"和"小写字母"。这两个用语可以追溯到活字印刷时代，当时每页印刷的文字都是用单独的金属字块组合在一起形成一页。这两种字母分别放在不同的盒子里，基本字母就用小写字母，更华丽的大写版本就用大写字母。

为什么文字的发展如此重要？因为如果没有文字，将很难建立起科学传统。天上有神或神降闪电的传说并不需要精确。如果说口述传说有什么好处的话，那就是它会不可避免地伴随着修饰和修改。随着故事在人与人之间口口相传，原始的内容越来越少。但对于需要检验和确立的科学观点来说，没有任何东西能比书面文字提供的这种不变性更牢固。

泥板书

最早的书面记录并不是记在纸上的，而是记在一块块泥板上的，目的是计数。苏美尔人以及后来美索不达米亚地区的古巴比伦人刻出的泥板书数量要远远多于特兰西瓦尼亚。用笔末端很容易就能在这种泥板上刻下"楔形"标记，最初，"楔形"标记用来表示数字，但很快就和早期象形图结合使用，形成了非写实效果的字符。

如果标记只是为了临时批注，泥板就可以被浸润、擦拭再重复使用。但如果在烤炉中烧制，泥板上记录的信息将会被永久储存。将这些泥板描述为"科学的泥板"多少有些夸张，但一些泥板书上的内容的确指导了科学，比如在实用数学领域。它们上面并没有刻着数学证明，但却有毕达哥拉斯三元数组的例子——如 3、4、5 和 8、15、17 这样反映出直角三角形边长间关系的数字集合，这种关系后来也在毕达哥拉斯定理中得到了证明。

值得一提的是，这些数字记录可以追溯回 3800 年前左右。古代人也在泥板书上记录过我们现在称为科学数据的东西，特别是在天文观测领域。这些信息为历法和占星提供了基础，收集这些数据是科学方法形成的必要前提。

古埃及文明中也出现了类似的实践案例（不是详细的理论基础）。就场地测量和建筑施工来说，几何学必不可少，这再次为毕达哥拉斯三元数组提供了指导。从魔法到科学，医学也在漫长的旅程中迈出了第一步。世界已知最古老的为医学提供指导的书面文稿是古埃及的《埃德温·史密斯纸草文稿》，距今 3600 多年。尽管它的内容长度不足以称为一本真正的书，但它的撰写方式却很科学。这份由纸莎草制成的卷轴，长约 4.7 米，主要讲解了处理外伤和手术的方法，但也包含一些用于医疗目的的魔法咒语。

继古埃及之后，中国是又一个进入早期科学领域的伟大文明古国，中

亚述泥板

小亚细亚半岛的一块记账碑（左），公元前 20 世纪。西亚古城尼尼微的一块天文碑（右），公元前 6 世纪。

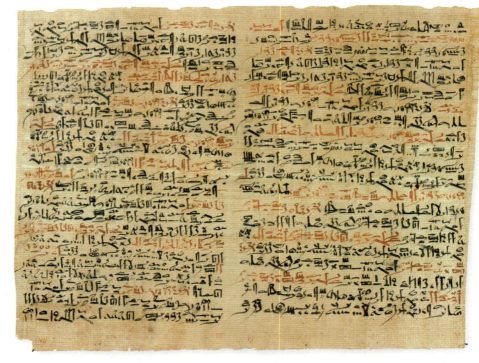

国古代的数学文献至少可以追溯到 3000 年前。而在物理或生物学领域，中国古代的科学发展就相对较晚。在公元前 500 年左右，印度也产出了令人印象深刻的数学成果以及后来的天文学成果，它们都促进了现代科学的发展。

然而，主导全球科学的方法基础主要还是在古希腊发展起来的。古希腊人的数学思想建立在古巴比伦和古埃及的数学基础之上，但他们率先尝试对自然进行理性解释，并最终形成科学。尽管许多古希腊时期的著作已经失传，古希腊仍是最早制作出最接近现代概念的科学书的文明。

古希腊人

古希腊哲学家，米利都学派的泰勒斯是最早不再将自然力量和自然结构归因于神话的人之一，他构建的哲学建立在自然物体相互作用的理论基础上。泰勒斯和现在更为人熟知的毕达哥拉斯生活在同一时期，毕达哥拉斯出生于公元前 570 年左右，其所在的学派将数字置于解释宇宙的中心。

由于古希腊哲学家众多，我们很难确切地知道哪些思想是那些大名鼎鼎的哲学家本人提出的，哪些又是知名学派的拥护者提出的。使用一个著名的人名能够增加一个论点的分量（就像今天一位名人代言一个产品一样），在一篇文章中有意设置一个大人物的名字这种行为很常见，即使这个大人物与文章内容并没有直接关联。我们知道毕达哥拉斯定理并不是毕达哥拉斯本人提出的。毕达哥拉斯三元数组的诞生比他本人出生早 1000 年，这个定理的证明也在他出生之前就得到了发展。不过，毕达哥拉斯有可能是第一个对音乐进行科学理论研究的人，他探索了具体什么样的长度比能让振动着的物体（如弦乐器或风琴管）发出和谐悦耳的声音。

了解了泰勒斯和毕达哥拉斯的成就后，随之出现了一个问题，那就是他们没有一篇作品留存至今。我们所知的关于他们的一切都不是第一信息源。世界现存最早可以算作科学书的著作是《希波克拉底文集》，它由数篇医学文章集合而成，其中包括著名的希波克拉底誓言，誓言要求医生对患者遵守职业道德。然而，我们也无从得知公元前 5 世纪古希腊科斯岛的医生希波克拉底是否真的写下了这本约 60 篇文章的文集中的任何一篇。当然，文集的大部分内容都可以追溯到他那个时代或稍晚一些的时候，但文集中最后一卷是在 9 个世纪以后才加上的。

由于《希波克拉底文集》在一段时间内有多个作者，导致它成了一个观点不一致的混合体：它的一些文章是针对医生的，另一些是针对非专业读者的。如果将这些文集看作是最早的科学著作之一，那么在很大程度上它们是以概要的形式呈现出相互竞争的理论，而不是向读者提供当时的科学共识。文集中并没有"标准规范"的内容。然而，文集中一些观点比另一些更受拥护，尤其是"四体液理论"——血液、黄胆汁、黑胆汁和黏液——当时人们错误地认为，要维持身体健康，体内的液体必须保持平衡。这就催生了为了平衡"过量"血液而放血等治疗方法，这些做法既会带来生命危险又毫无作用，但在 19世纪的医疗工作中它们一直处于核

弗朗索瓦·朗格卢瓦（克芳德·维尼翁之后）

毕达哥拉斯，17 世纪

毕达哥拉斯的蚀画像（公元前 570—前 495 年左右）。

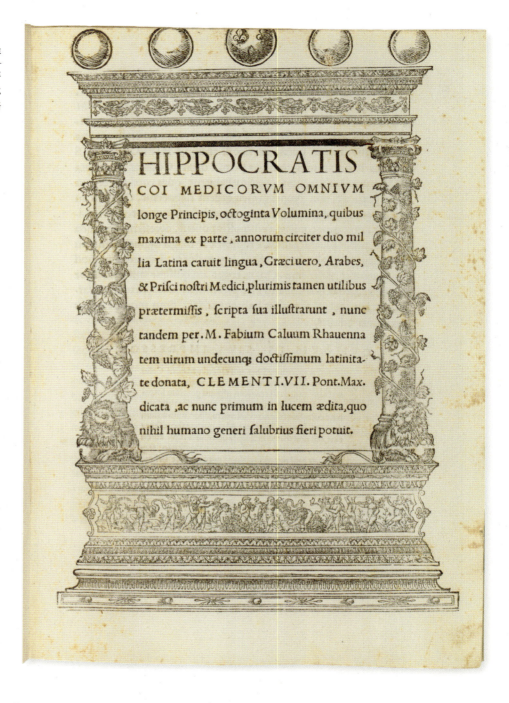

作者未知
《约克医生行会手册》,
15 世纪

这本针对外科医生的书展示
了四体液理论。

莱昂哈德·图内塞

《炼金术之书》，1574 年

上图，以一半女性身体、一半男性身体展示四体液理论（黏液、血液、黑胆汁、黄胆汁）。

作者未知

《约克医生行会手册》，15 世纪

右图，一本关于血流的"静脉切开图"。

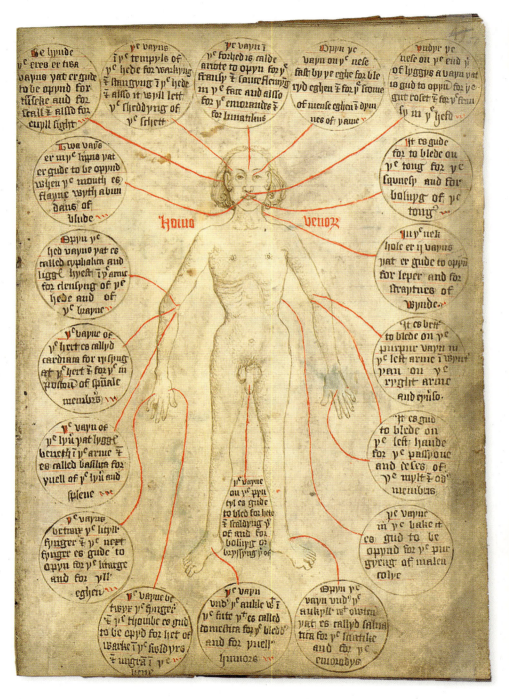

心地位。和古埃及医学文献一样，文集最初都制作成了卷轴的形式，后来它们的副本又做成了我们熟悉的法典书的形式，最终，文集中的所有书都能以单本的形式获得。

这一时期，书籍的存亡是非常偶然的（失传的远多于留存下来的）。在现代，许多按常规出版的书以成千上万册的数量印刷出来。然而，在印刷机出现之前，每一本书的副本都是由手工精心制作的。一本书一开始只有几本副本，这样的情况很有可能出现，不过如果一本书大受欢迎，就会出现更多副本、副本的副本，等等。

虽然这种复制过程有助于留存一些文本，但它也对内容的准确性造成了明显的危害。当抄写员不赞成文中的信息时，他们总会在有意或无意间修改文本。在大量古代作品的副本中，我们经常能看到后期有意添加和"改进"的例子，现代分析可以显示出原始信息是如何被修改，以符合后来的文化要求的。这对科学图书来说尤其危险，因为保持原始细节至关重要。然而，副本至少意味着，如果原著丢失，还有退路。比复制中出现错误或者文本内容被有意篡改更危险的，是古代社会的不稳定——亚历山大图书馆的命运就是最好的例子。

古代世界第八大奇迹

我们熟知古代世界的七大奇迹：古埃及胡夫金字塔、古巴比伦空中花园、古希腊阿尔忒弥斯神庙、奥林匹亚的宙斯雕像、摩索拉斯陵墓、罗德岛太阳神巨像和亚历山大灯塔。毫无疑问，这些建筑让我们大为赞叹，特别是七大奇迹中最古老的一个——胡夫金字塔。它不仅是唯一一座幸存至今的金字塔，从约4500年前建成到1311年，这座建筑一直是世界上最高的人造建筑物，直到众多教堂以及后来塔楼中最高的林肯大教堂建成。然而，就对文明延续的价值而言，到目前为止，古代世界最大的奇迹无疑是亚历山大图书馆。

据说，亚历山大图书馆是在公元前332年由马其顿国王和征服者亚历山大大帝建立的。在这一时期，亚历山大图书馆是欧洲、中东和北非世界的文化中心。亚历山大图书馆位于古埃及北部海岸，这一地理位置有助于

作者未知
在亚历山大图书馆中焚烧书籍，版画，16世纪

上图，描绘了亚历山大图书馆中的书被烧毁的画面——事实上，图书馆中的书并不是被一次性烧毁，而是遭到多次破坏。

奥托·冯·科文
亚历山大图书馆的大厅，19世纪

右图，这是一个想象中的亚历山大图书馆内的场景，可以看到远处的书架上有许多卷轴，学者们正在阅读。

亚历山大将埃及融入希腊文明。目前尚不清楚这座图书馆最初是在什么时候开放的——据说是在公元前300年到公元前250年之间——但它相当于"古代版"的国家图书馆，和大英图书馆或者美国国会图书馆一样，目的是尽可能多地收集有关它们文明的所有书籍。事实上，亚历山大图书馆的职责范围更广，且这一范围在现代世界是无法想象的：收藏全世界的知识学问。任何一本书到了亚历山大城——比如从船上海运而来——都会被复制，图书馆将保留原件，然后将副本归还给其所有者。

亚历山大图书馆中的书大部分是莎草纸卷轴的形式。由于目录丢失，我们再也无法得知它准确的藏书数量。按照时间相对接近图书馆被毁时的说法，其藏书量高达40万，但按照现代的估计（不可避免地仍是估计，但是有一定根据）这一数字在4万到40万之间。无论天平的哪一端更准确（4万或者40万），在当时来说，这个书籍数量也是非常巨大了，其中包括了古希腊古罗马所有重要的科学文献。

古希腊古罗马时期的书籍只有很小一部分留存至今，部分原因就是亚历山大图书馆被毁坏，导致大量藏书丢失。而这是亚历山大城多次受袭击，让图书馆连带受损造成的，而不是通常所描述的只因一次焚烧造成。值得

庆幸的是，从 8 世纪到 14 世纪这几百年间，一些书受到学者的欣赏，被翻译成阿拉伯语，由此留存下来。在这些传到西方的书中，古希腊最有影响力的哲学家亚里士多德的科学著作也得到了完好保存。

亚里士多德的宇宙观

公元前 384 年，亚里士多德在古希腊斯塔吉拉城出生，然后在雅典的柏拉图学院接受教育，据说他是亚历山大大帝的老师。近年来，一些科学作家对亚里士多德做出了一些负面评论，揶揄他缺乏现代的科学方法。确实，亚里士多德的自然哲学更多是受到古希腊传统的驱动，即通过辩论，而不是观察和实验，来确定什么是正确的。比较知名的一种说法是，亚里士多德曾宣称女性的牙齿数量少于男性，这一观点纯粹由他的哲学辩论得出，而不是根据实际调查和发现得来的。事实上，女性和男性的牙齿数量完全相同。

尽管亚里士多德几乎所有的科学观点都被证明是错误的，但他的著作仍不容忽视，因为他是一位具有巨大影响力的人物。他提出的思想（通常基于更古老的思想，但更精练和完善）持续得到了近 2000 年的支持。其中知名的包括地心说——地球位于宇宙中心静止不动，太阳、行星和恒星围绕地球旋转——和五元素理论。五元素理论认为地球上的一切都是由土、水、空气和火四大元素组成，而天体由第五元素以太组成。

在亚里士多德留存下来的科学著作中，最有影响力的是《物理学》。由于这个词的含义和现代意义上的"物理"完全不同，因此该书名具有一定的误导性。这本书论述了物体变化和运动的性质（古希腊科学哲学痴迷这个问题，尤其是在爱利亚学派认定运动是一种幻觉而并不存在之后）。在现代，运动力学只是物理学的一个子集，而当时亚里士多德不仅考虑了身体运动的物理机制，还考虑了与运动和变化有关的所有事物——因此亚里士多德的"物理学"还涉及现在我们视为生物学的方面。（如你所想，哲学也是如此。和亚里士多德的《物理学》一样，哲学最终应用在了对科学主题的研究上，而不是现代意义上的科学。）

在《物理学》中，亚里士多德引入了物质的概念，同时探索了运动的性质。虽然现在他的观点都被证明是错误的，但它们结合在一起形成了一个合理的整体。事实上，亚里士多德观点之间的这种紧密联系，正是他的宇宙（现代认为的太阳系）观——认为地球在中心，而不是太阳在中心——持续这么久的原因之一。

如果我们只考虑太阳和地球两个天体，太阳围绕地球运行似乎合理：它看起来确实是这样。当然，我们现在都知道是由于地球的转动，太阳才看起来像在天空中运动，但为了方便，我们仍然说"太阳升起"而不是"由于地球的转动，我们逐渐在地平线上看到太阳"。然而，套用亚里士多德所有天体都绕地球转的观点时，运行轨道在地球外的行星（例如火星）的运动似乎很会奇怪。这些行星偶尔会看起来像在太空中反向运动。但如果我们假设太阳位于太阳系的中心，那整件事就变简单了很多。这样，就可以用地球和火星绕太阳运行的速度不同而形成的相对运动，来解释像火星这样看起来奇怪的行星反向运动。

然而，如果地球不在中心位置，那么亚里士多德在《物理学》中建立起的宏伟体系就会土崩瓦解。亚里士多德论证了物质具有自然倾向。他认为在地球上的四种元素中，土和水有向宇宙中心移动的内在倾向，而空气和火则倾向于远离宇宙中心。由此，他进一步论证，含有更多土特征的、重的物体会自然地落到地上。物质越多，倾向就越强，下降的速度也更快。

纪尧姆·德·孔什
世界哲学，1276—1277 年

下方左图，亚里士多德描述的世界（宇宙），出自法国中世纪学者的书。

拉斐尔
雅典学院，1509—1511 年

这幅来自梵蒂冈使徒宫的湿壁画（右下图）中有 20 多位哲学家，其中柏拉图和亚里士多德在画的正中央。

但正如伽利略在近 2000 年后所证明的那样，亚里士多德的观点并不正确，但这并不意味着他的假设糟糕。和石头相比，羽毛确实下落得更慢，可惜并不是因为亚里士多德设想的原因。

在《物理学》第 2 卷中，亚里士多德研究了原因，他将某物存在的原因，包括其物质和形式，与我们通常认为的原因（事物现象产生）分离开来，最后得出了在科学发展中引起许多问题的原因类型——目的因，事物存在背后有其目的。现在，我们只有在有思想的实体干预自然时，才能看到目的因（至少在科学中）。一台计算机存在，有一个目的论的原因——它是为了一个目的而制造的，但是地震，或者说演化，并不由某一心智的目的决定。它们的发生没有目的。但是在科学某些领域的发展中，对目的因的假设已被证明是一个重大问题，而且在宗教信仰从科学理论中分离出来之前，这个问题一直存在。

《物理学》探讨了许多话题，从无穷到运动的性质。另一个证明亚里士多德的宏大理论体系具备环环相扣的性质的例子是，他把自己对运动的理解（错误的）用来反对原子存在。尽管我们倾向于认为原子是一个现代概念，但在公元前 5 世纪，古希腊哲学家留基伯和他的学生德谟克里特斯就认为，物质是由微小的部分组成起来的，它小到无法再被分割——希腊语中叫作原子。如果存在原子，那就一定存在虚空，即原子之间的空隙，一个没有任何东西的空间。（早期的原子理论假设每个原子都是不同的形状，并且只有很少的形状可以组合在一起填充空间，而不存在任何空隙。）但亚里士多德认为，这样的虚空并不存在。有趣的是，在亚里士多德论证的过程中，他提出了非常接近牛顿第一运动定律的观点——尽管一开始只是为了证明虚空不存在。

亚里士多德认为，如果存在虚空，没有人能说明为什么移动的物体会停在某处；为什么它会停在这里而不是那里？因此，物体要么保持静止，要么无限向前进，除非有更强大的物体阻挡它。他对此的物理学假设是：要想让物体继续运动，就必须推动它。当我们停止推动它时，它自然就会停止，比如手推车就是这样。但是战斗中射出的箭呢？为什么它离开弓弦后还一直在运动？为了解释这一点，亚里士多德认为，在箭离开弓后，空气必然还在继续推动箭。但在他看来，如果存在完全的虚空，就没有任何东西能以某种方式影响移动中的物体，这样就非常地反直觉，以致他否定

亚里士多德

《物理学》（副本），13 世纪

亚里士多德在公元前 4 世纪
写下了《物理学》，该书 13
世纪的拉丁文版由意大利学
者杰拉德在 12 世纪从阿拉
伯语翻译而来。

了虚空的概念。亚里士多德的物理学观点能够符合我们日常生活中的观察，但他不能接受深层现实可能与此不同，因此虚空——以及存在原子——这一观点不得不被放弃。

《物理学》绝不是亚里士多德众多科学著作的极限。与物理学和宇宙学相比，亚里士多德在生物学和动物学领域写的书要多得多。然而，《物理学》之所以在亚里士多德众多书中脱颖而出，是因为直到 16 和 17 世纪，他关于宇宙学、运动和力学的观点都是西方世界对宇宙理解的核心。他的其他书在相应领域也很有影响力。例如，亚里士多德的《动物志》为我们提供了根据相似特征对动物进行分组的方法，与物理学相比，它不那么哲学化，更注重观察，为一系列物种记录下了大量准确数据。然而，作为一项科学成果，《动物志》仍然不如《物理学》重要，尽管《动物志》中有很多内容是正确的。据说，在 20 世纪，物理学家欧内斯特·卢瑟福曾说："所有的科学要么是物理学，要么是集邮。"这句明显带有讽刺意味的话意思是，真正的科学必须包括解释和理论，而不应该只是收集数据。虽然《动物志》这样的书很重要，但和其他书相比，显然更像集邮那一类。

数学的要素

就一本书的持久影响力来说，公元前 290 年左右欧几里得写成的《几何原本》很难有对手。在 20 世纪初，这部由多卷组成的杰作仍在作为教科书使用，甚至对现在的数学基础公理和证明有巨大的影响。这本书的主题，几个世纪的孩子们在学校学起来都感到痛苦，但它却是最早被研究的一个数学领域，因为它非常实用：它就是几何。

几何学的字面含义是测量地球。它将线性的尺度和角度测量结合在一起，一开始是为了在划分土地和建造建筑物时帮助测量。古埃及人广泛使用几何学，但他们的方法完全讲求实用。古埃及人只是用有效的方法，而不关心它背后的原理。《几何原本》中阐释的概念是一个循序渐进的逻辑构建和证明过程。这就从经验法则转向了有更精确要求的科学。欧几里得并不是第一个提出几何证明概念的人，但他在其杰作《几何原本》中所做的就是将一系列的构建和证明结合起来，从最基本的假设开始，逐步构建整体。

欧几里得

《几何原本》（副本），888 年

世界现存最古老的欧几里得《几何原本》的手抄本中的一页，由"文员斯特凡诺斯"抄写，展示了毕达哥拉斯定理的细节。

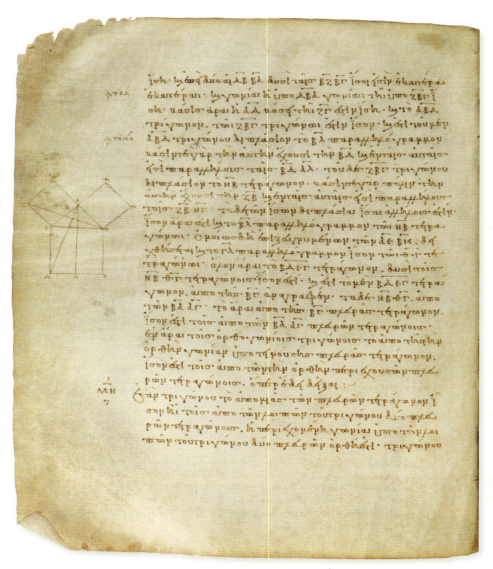

欧几里得

《几何原本》，1570 年

公元前 300 年左右，欧几里得著作的首个英文译本的卷首插图，由亨利·比林斯利翻译，在英国伦敦印刷，附有英国女王伊丽莎白时代的数学家兼神秘学家约翰·迪伊的序言。

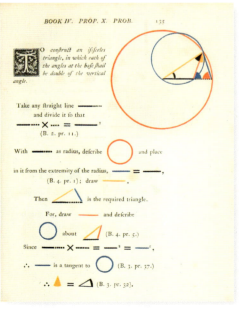

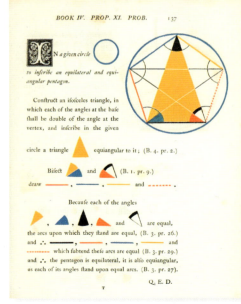

欧几里得
《几何原本》，1482 年

《几何原本》的第一个印刷本（左上图）。

欧几里得
《几何原本》（副本），13 世纪

阿拉伯语译本（右上图），由波斯博学家纳绥尔丁·图西翻译。

欧几里得
《几何原本》，1847 年

精美的英文译本，由奥利弗·伯恩翻译，用彩色的图形来作证明过程的示例图画（左图）。

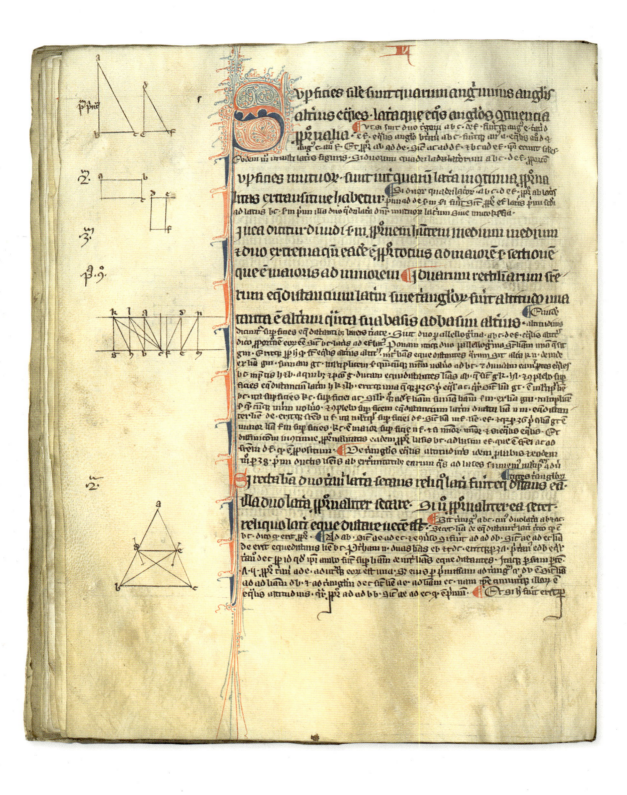

我们称欧几里得为《几何原本》的作者，但历史上欧几里得这个人是否真实存在过，在一定程度上并不确定。我们现在看到的他的传记细节似乎都是后来的想象。有人认为，《几何原本》可能是一群人的作品，而不是一个人的。然而，无论写下《几何原本》的欧几里得是否真实存在，这本书都是一本具有突破性的著作。

《几何原本》共有 13 卷。它从"假设和共同概念"开始——现在数学家们称之为公理，即最基本的假设，随后的构造和证明（或"命题"）都基于它。公理是看似简单的陈述，例如，任意两点之间都可以画一条直线。接着用直尺和圆规开始构造，例如一个圆形，并开始建立几何定理，从著名的毕达哥拉斯定理到给出比例相似的两个三角形之间的关系。每个证明都以希腊字母 OE Δ 结尾，在拉丁语译文中，就变成了熟悉的 QED，即"*quod erat demonstrandum*"的缩写，大致意思是"证明的内容"。

《几何原本》不仅为许多实用几何提供了必要的工具，还为构造数学证明奠定了基础，即从简单的证明出发，得出复杂的结论。在后面的几卷中，《几何原本》还包含了其他数学原理，包括素数、最小公分母和最大公因数的一些基本方面。它还探讨了无理数，如 2 的平方根，它不能用整数的比来表示。《几何原本》还涵盖了少量几何体的内容，如简单几何体的体积以及所谓"柏拉图立体"的构造，柏拉图立体的每个面都由大小和形状相同的正多边形组成。

古希腊文明衰落后，许多古希腊书籍都遗失了，《几何原本》也在其中。但在中世纪早期，它的阿拉伯语译本又传回了西方。由于《几何原本》的重要性，几个世纪以来它一直是欧洲大学教学大纲中数学部分的核心，《几何原本》有许多译本，是最早以印刷形式大规模生产而非手工抄写的科学图书之一。

推动世界前进

古希腊数学家兼工程师阿基米德，生于公元前 287 年，死于公元前 212 年，据说他是在锡拉库萨城被古罗马侵略者杀害的。阿基米德的著作也具有不容忽视的影响力。阿基米德无疑是一位杰出的数学家，他研究了几何、

螺旋线和 π 值，并且是积分学（用来计算面积和体积）的先驱。

我们大家都知道阿基米德声称能撬动地球的故事。有一次正在洗澡的阿基米德从浴缸里跳出来，高喊："我发现了！"他声称只要一个支点和足够长的杠杆，就能撬动整个地球。他最著名的成就之一是螺旋泵和阿基米德定律——用来测量不规则形状物体体积的方法（灵光乍现的时刻），一个著名的例子是他用这种方法测试了王冠的含金量。当时王冠已经被交给了希罗国王，阿基米德想检查金匠是否诚实，黄金是否足量，有没有被其他金属替换。阿基米德结合王冠的重量和体积，计算出了它的密度，并证明它不是纯金。这只是他确立的通用定律下的一个例子，即浸入流体中的物体受到一个力，这个力推动物体向上，且这个力等于物体所排出的水的重量。阿基米德还设计了许多用于战争的武器，包括一种用镜子形成的"死亡光线"，用来聚焦太阳光线，让船着火。

阿基米德留存至今的著作相对较多，特别是《数沙者》（见第 iii 页）、

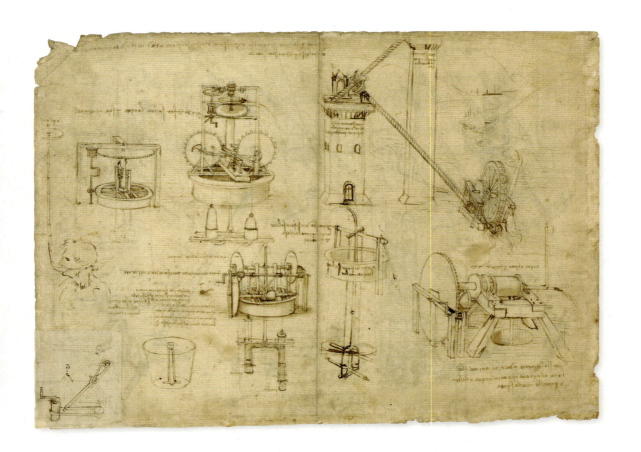

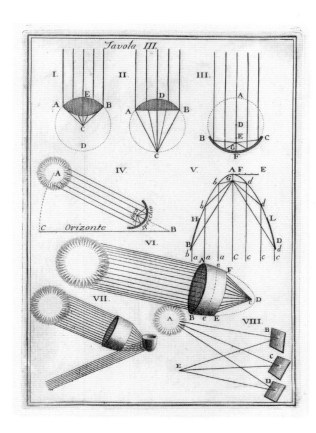

贾迈里亚·马祖切利

《关于阿基米德的生活、发明和著作的历史和关键信息》，1737 年

马祖切利书中的插图。

《论浮体》《论球和圆柱》《论螺线》以及《平面图形的平衡或其重心》。它们涵盖了物理浮力学和计算物体体积的一系列几何方法，尤其是在《数沙者》中，阿基米德通过计算多少粒沙能填满宇宙（现在的太阳系），以此扩展古希腊的数字系统。

古罗马文明过于注重实用性和军事目标，因此没能诞生任何新的科学。其成就在于引入了手抄本，使书籍更易阅读；但是，古罗马作者并没能提供多少有趣的科学例子。

唯一的例外是提图斯·卢克莱修·卡鲁斯在公元前 1 世纪写下的《物性论》。它是基于伊壁鸠鲁哲学的一首 7400 行长诗。伊壁鸠鲁是公元前 3世纪的古希腊哲学家，他的思想还包括原子论。卢克莱修的诗涵盖了一切，从空间的性质、物质，到农业和疾病。在这一时期的其他书中，最著名的是普林尼的巨著《自然史》，里面收集了当时已有的科学知识，但它几乎没有贡献任何新的内容。

阿基米德

《论球和圆柱》，约 1450 年

文艺复兴时期的画家皮耶
罗·德拉·弗朗切斯卡也是
一名数学家，他将阿基米德
的许多作品翻译成拉丁文，
还添加了插图来帮助解释数
学定理。

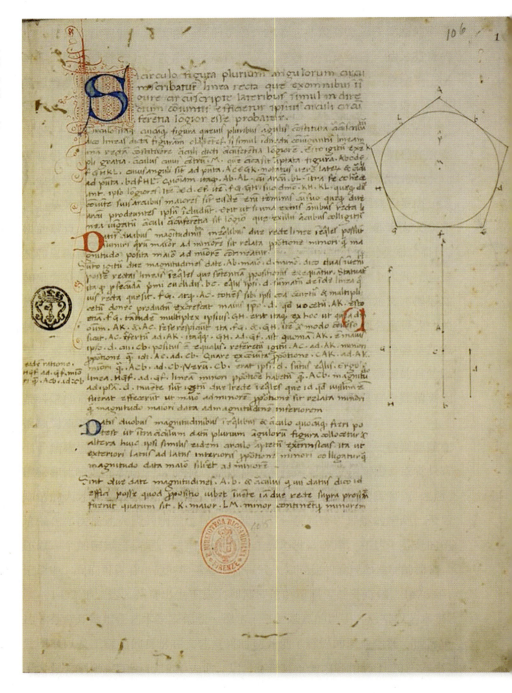

轮中有轮

到公元 2 世纪，古希腊已成为古罗马帝国的一部分。而古罗马帝国最著名的一位医生盖伦，也是古代最高产的医学作家。公元 129 年，盖伦在帕加马古城出生。他在很大程度上坚持希波克拉底的四体液理论，尽管和更早期的医学家相比，他拥有更多的解剖学经验，但他的知识主要基于猴子和猪，因此应用在人身上时会有一些偏差。他的医学作品中能看到一些更科学的依据，特别是他认为动脉中携带着血液。直到 17 世纪，他的大量著作都影响着医学实践。

同时期的另一本书产生的影响也很深远：它建立在亚里士多德的物理学观点上，让人类对太阳系结构的错误认识持续了 1500 年。这本书现在叫作《天文学大成》，由古希腊天文学家托勒密撰写。书名"Almagest"——意思是"最伟大的"——它并不是希腊语（或埃及语），而是阿拉伯语，因为和许多其他古希腊书籍一样，这本书是通过阿拉伯语译本传入西方的。

追溯到公元 150 年左右，《天文学大成》这本书最早的名字其实是希腊

盖伦
《论解剖过程》，15 世纪
和许多古代作家一样，盖伦写下了许多作品。这页描绘了一位孕妇。

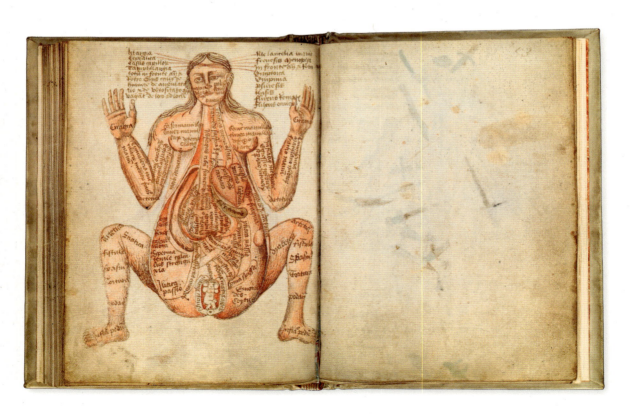

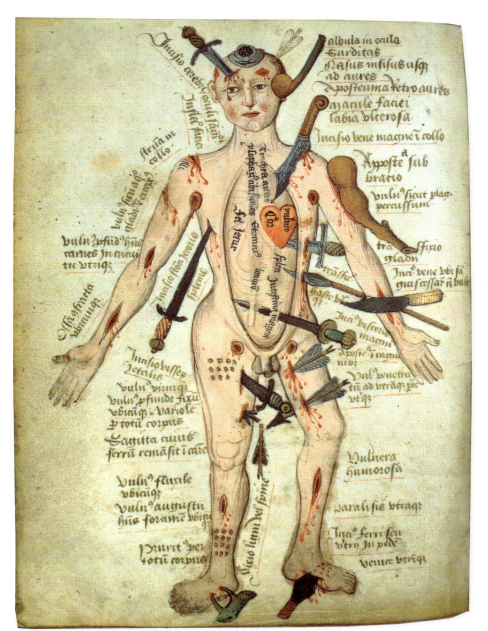

帕维亚人
《腓尼基自由记事簿》，
1345 年

上图，一具尸体的腹部解剖图，来自一本声称取自盖伦作品的书，这本书现藏于法国尚蒂伊孔代博物馆。

盖伦
《论解剖过程》，15 世纪

一个"受伤的人"，和对页图出自同一卷。

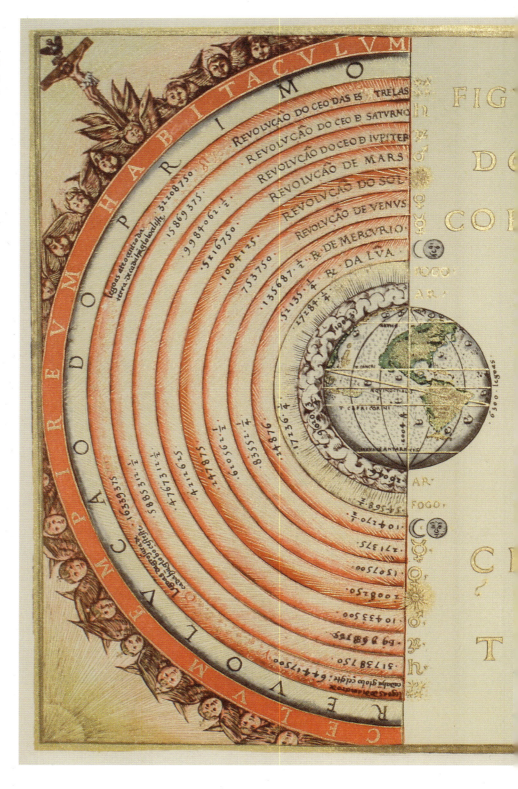

巴尔托洛梅乌·维利乌
《宇宙图》，1568 年

葡萄牙宇宙学家兼制图师绘制的托勒密的地心说宇宙模型（没有画出"本轮"轨道）。

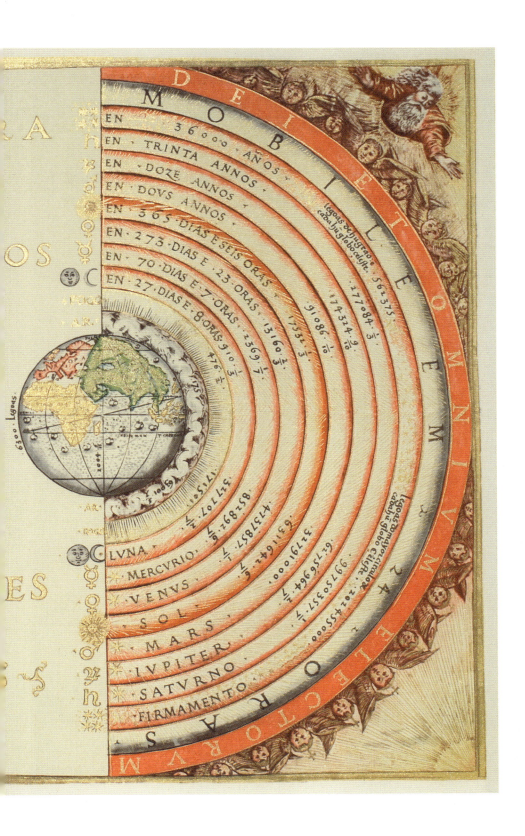

语 "Mathēmatikē Syntaxis"（大致意思是"数学论文"）。书的主题是天文学，书名却是数学，看起来可能有些奇怪，但别忘了，直到 19 世纪，天文学和宇宙学都还被认为是数学的一部分，而不像现在，它们被更合理地重新归为物理学。

这本影响深远的书共有 13 卷，首先描述了亚里士多德建立的以地球为中心的宇宙观模型，接着介绍了太阳和行星的运动——包括我们从地球上观察到的相关现象的概念，例如日食、二分二至。托勒密还为星座作图，并编制了一份恒星目录。这份目录不全是托勒密的原创，很大程度建立在古希腊天文学家希帕克的早期目录的基础之上，希帕克的目录早于托勒密的目录 280 年。

正如我们所了解到的，亚里士多德的宇宙观认为所有天体都围绕地球运行，这就产生了一个问题：地球轨道之外的行星会出现突然反方向的运动，即所谓的"逆行"。为了科学地解释为什么会出现这种情况，托勒密不得不对更古老、朴素的亚里士多德的模型做出一系列修正。在亚里士多德的宇宙模型中，每颗沿着轨道运行的行星都嵌套在一个球形中。

托勒密巧妙地（过程也可能很痛苦）匹配了观测结果，并维持了所有轨道都是圆形的假设（错误的），因为圆形是"完美"的形状，而天空需要完美。他引入了一种叫作"本轮"的结构。托勒密的观点是，火星不是简单地在以地球为圆心的轨道上做圆周运动，而是在另一个圆形轨道（本轮）

安德烈亚斯·策拉留斯
《和谐大宇宙》，1660 年

策拉留斯的《天体图册》或者说《和谐大宇宙》描绘了托勒密、第谷·布拉赫和尼古拉·哥白尼认为的世界体系。

上运行。但本轮的中心在庞大的均轮上。这就形成了"轮中有轮"的最初情况。由于这个模型仍然和人们观察到的现象不太匹配，为了让这个系统变得更复杂，托勒密规定，均轮并不绕着地球运行，而是绕着离地球稍远的一个点运行，这个点叫作"偏心点"。

坦率地说，如果说"偏心点"听起来是描述这种人为构造的最合适的词汇，那么为了让实际观测结果符合亚里士多德的宇宙模型，托勒密的宇宙模型就有必要这么复杂。即使在今天，科学家仍然非常重视亚里士多德和托勒密的宇宙理论，基于不同证据相互矛盾之处，他们也会反复修改理论的各个方面，以确保它仍然有效。历史上这种情况已经发生过好几次，以宇宙大爆炸理论为例，现在它仍然是我们理解宇宙形成的最佳观点，但科学家必须反复修补它，以匹配现实观测结果。

在公元第一个千年的早期，数学成就并不局限于托勒密的本轮或几何奇观《几何原本》，全世界都在研究数学。在此期间，还出现了另一些重要的数学著作。其中最早的一本是《九章算术》（收录了各类数学问题，分为9 章），它经历代各家的增补修订，确切作者未知。《九章算术》是当时中国

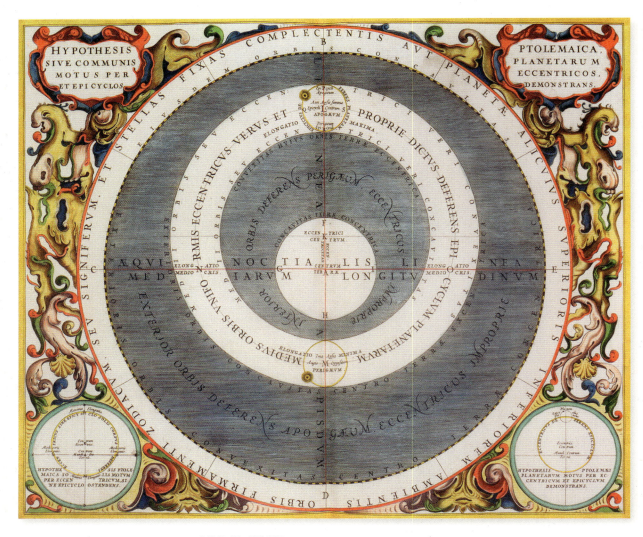

安德烈亚斯·策拉留斯
《和谐大宇宙》，1660 年

上面的版画展示了行星在偏心轨道和本轮轨道上的运动，而对页的版画描绘的是早期基督教徒所认为的宇宙结构。

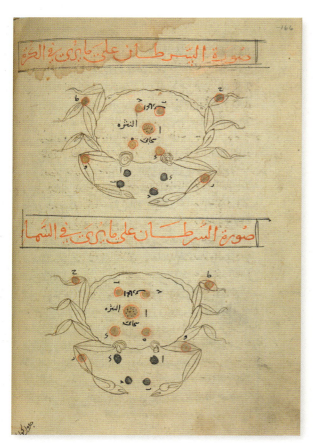
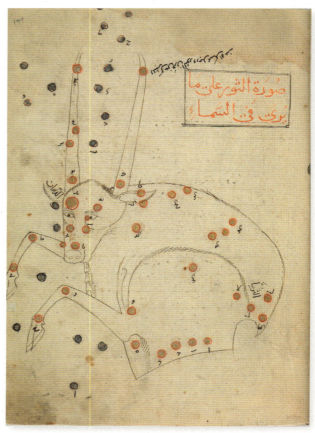

阿卜杜勒·拉赫曼·苏菲
《恒星之书》，15 世纪

根据托勒密的《天文学大成》，这本 15 世纪晚期的伊朗文古籍描绘了 48 个星座，包括巨蟹座、金牛座和对页的天鹰座。

数学水平的最高体现。书中最早的数学思想经过几个世纪的漫长发展，最终在公元 200 年左右凝结在这本书中。《九章算术》中出现的数学方法更倾向于解决问题，和《几何原本》的形式证明相比更实用，且《九章算术》用到的数理逻辑远远多于苏美尔泥板书上列出的毕达哥拉斯三元数组。正因中国古代数学这种实用倾向，《九章算术》为我们提供了早期文明形成的日常必要条件，比如计算形状的面积、贸易和税收所需的计算，以及基本方程。《九章算术》中也有一些略为抽象的概念，如平方、立方根和固体的体积。

有这样一位学者，她的书并没能幸存到今天，但她仍然值得我们注意，她就是古希腊末期的哲学家兼数学家希帕蒂娅。相传从 4 世纪中叶开始，她就住在亚历山大城。希帕蒂娅写下过许多评注，一些人认为她编辑过《天文学大成》。从历史上看，女性对科学和科学写作的贡献直到近些年

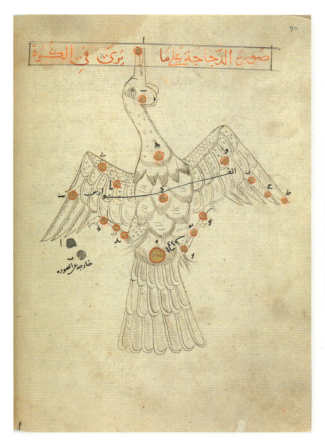

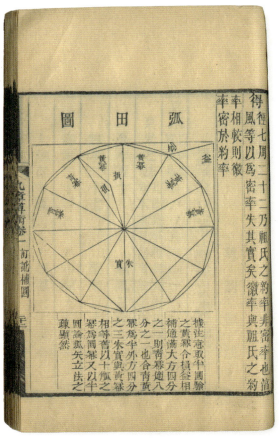

才变得可见和常见，因为直到近年，女性才获得了和男性同等的机会。希帕蒂娅给我们提供了第一个确切的例子。这并不意味着希帕蒂娅是第一位写科学书籍的女性，因为直到 19 世纪，女性以匿名或化名出版书籍的情况仍不少见（比如，想想勃朗特三姐妹，她们最初的笔名是柯勒、埃利斯和阿肯·贝尔）。直到最近几年，女性作者才以与男性相同的频率出版有影响力的科学作品。与小说作者相比，科学领域实现性别平等的进程要晚得多，但欣慰的是，现在已经取得了相当大的进展。不过，就目前而言，女性作家仍然不多。

作者未知
《九章算术》，16 世纪

晚期版本，展示了通过绘制一个边越来越多的多边形并让它不断近似一个圆，来估算圆周率的方法。

数学变换

正如《几何原本》对西方数学影响巨大，《九章算术》也是中国数学主流发展的核心。与中国古代相似，古印度也有着繁荣的数学文化，但在印度，数学家个人得到了更多的赞誉，因此，和作者未知的《九章算术》不同，我们能对印度 628 年的这部关键数学著作《婆罗摩发多历算书》的作者有更多的了解。它的作者就是生于 598 年左右的婆罗摩笈多，当时许多数学家同时也研究天文学——婆罗摩笈多也是如此，他的书中经常举天文学的例子。

和中国古代数学书的情况一样，《婆罗摩发多历算书》更多地呈现了数学事实，而不是逻辑证明的结果，而且它呈现的方式异常复杂，因为《婆罗摩发多历算书》是以诗歌的形式写成的。这本书的重要性不仅在于它的各种几何结果，还在于它对代数的发展，包括高中生熟悉的二次方程。这本书最重要的创新可能是对非正整数的处理。它还提到了负数，这个概念当时还没有被广泛使用，零被视为一个数字，而不是一个简单的在没有值时用来占位的符号。婆罗摩笈多的数学观点并非完全正确——他认为 $0 \div 0 = 0$。然而，这仍然是数学思想的重大发展。零的使用对现代数学的发展至关重要。

零作为一个数字（不再是占位符）这一观念起源于印度，阿拉伯数字也是如此，但它们都通过蓬勃发展的新学术中心伊斯兰世界传入西方。其中，具有重大影响的著作是《移项和集项的计算》，在 820 年左右由阿

布·阿卜杜拉·穆罕默德·伊本·穆萨·花拉子密用阿拉伯语写成，在1145年由罗伯特翻译成拉丁文。现在，我们几乎没有关于花拉子密的可靠记录。古波斯780年左右，他可能出生在巴格达城，后来在智慧宫为哈里发（旧时伊斯兰国家的统治者）工作。

花拉子密和他的书带给我们两个新的数学术语：一是"算法"（algorithm），来自花拉子密名字的拉丁文"Algorithmi"；二是"代数"（algebra），来自书名中的"al-ǧabr"。正是由于对代数的探索，这本书才能如此成功。在印度以外，花拉子密并不是第一个研究代数问题的学者。3世纪的古希腊哲学家丢番图在他的《算术》一书中讨论了一次、二次以及个别的三次方程，但他没有试图得出适用于所有方程的广义解。和丢番图相比，花拉子密的代数在某些方面与我们当代的代数更为不同——花拉子密的方法只适用于文字，而丢番图的方法更接近现代方程式——但关键的一点在于，花拉子密处理的是一般解，因此，他的方法适用范围更广。

花拉子密的另一本重要著作《印度算术书》（留存至今的只有拉丁文译本）描述了印度的数字系统（由于它的传播路径，西方现在称它为阿拉

阿布·阿卜杜拉·穆罕默德·伊本·穆萨·花拉子密
《移项和集项的计算》，约1145年

罗伯特译的译本中的一页，他在西班牙塞戈维亚城生活时所译。

伯数字）。然而，就数学的广泛传播与发展而言，这本书的内容并不那么重要，因为直到 13 世纪初斐波那契在《计算之书》（见第 47—50 页）中再次引入数字系统，西方才开始广泛使用阿拉伯数字。

古阿拉伯光学与医学

将古希腊著作翻译成阿拉伯语的一位重要人物是侯奈因·伊本·伊斯哈格，809 年他出生于希拉城，也就是今天的伊拉克。侯奈因·伊本·伊斯哈格是一名医生，因此对医学资料特别感兴趣，但他翻译的科学文献范围很广，并不限于医学。他在科学写作上作出了贡献，尤其是《关于眼睛的十篇论文集》这本书，被称为世界现存最早的、成系统的眼科学教科书。毫无疑问，侯奈因·伊本·伊斯哈格深受古希腊著作的影响，比如他在书中广泛引用了盖伦的文献。但《关于眼睛的十篇论文集》这本书中也有侯奈因·伊本·伊斯哈格的独创成果，包括他实验工作的观察结果和一些出色的插图。

由繁荣的伊斯兰文化催生并传到西方的成果，不只是数学和医学，还有许多光学主题的书籍，其中伊本·艾尔·海什木的著作尤为突出，他的名字译成拉丁文后是 "Alhazen"。艾尔·海什木于 965 年出生，出生的地点相当于今天的伊拉克巴士拉。据说他与意大利文艺复兴时期的博学家列奥纳多·达·芬奇很相似。从桥到武器，达·芬奇发明了许多东西，且是在此前没有任何先例的情况下完成的。

传说中，艾尔·海什木过分高估自己，向埃及法蒂玛王朝第六代哈里发哈基姆承诺，他可以将尼罗河改道，以控制洪水和帮助灌溉。显然他没有做到，据说艾尔·海什木不得不为此假装精神失常，直到哈里发去世。现在我们能确定的是，艾尔·海什木写下了很多著作，包括《智慧的尺度》以及《光学书》。《光学书》中有大量基于实验的对光的观测。艾尔·海什木发现，光线——无论是由镜子反射，还是通过其他方式从一种物质传播到另一种物质，都会发生弯曲。艾尔·海什木甚至利用大气层对光的折射来估计大气层的厚度，折射后的光线在太阳落下后仍会继续在空中传播。

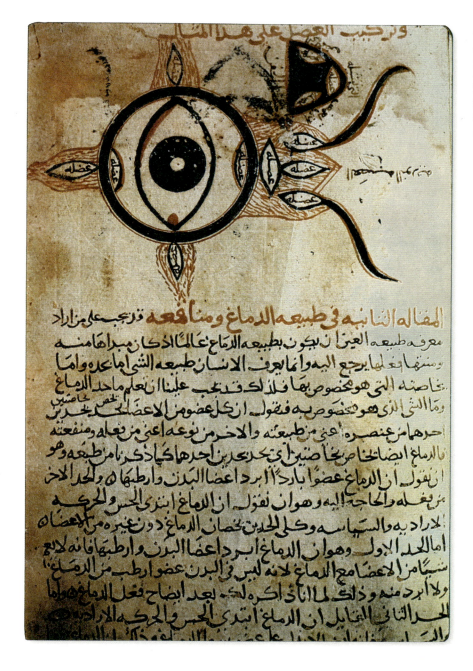

　　艾尔·海什木的作品对中世纪的西方光学产生了巨大的影响，但另一本阿拉伯语著作——伊本·西拿的《医典》有着更大的影响力，西方称它为"阿维森纳的《医典》"。伊本·西拿的全名是阿布·阿里·侯赛因·本·阿卜杜拉·本·哈桑·本·阿里·本·西拿，出生于980年左右，

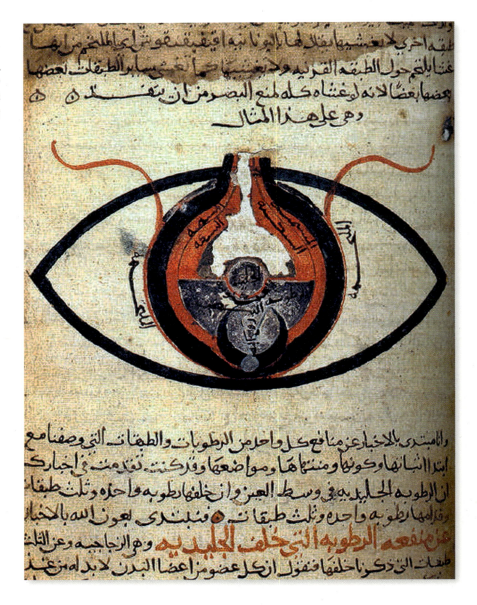

9 世纪著作《关于眼睛的十篇论文集》已知的两份副本中的一页，展示了眼睛的结构。

出生地为现在的乌兹别克斯坦，但他主要在波斯开展医务工作。无论是对伊斯兰世界还是欧洲来说，这部 5 卷本《药典》对医疗实践都至关重要。和同时期写下许多伟大科学著作的作者一样，伊本·西拿也用了古希腊最佳医学著作中的信息——希波克拉底和盖伦的文献，包括四体液理论，还融入了亚里士多德的自然哲学。然后，他又加入了自己的想法，最终写出了这部《药典》，其中一卷是关于天然药物的指南，一卷为描述复合药物制

伊本·艾尔·海什木
《光学书》，13 世纪

11 世纪著作《光学书》在 13 世纪的副本，由卡迈勒·丁·法里西修订，书里展示了眼睛的光学工作原理。

伊本·西拿
《医典》，1632 年

11 世纪著作《医典》的副本，封面上是一名医生在给一名女性量脉搏；内页展示了人体内部器官和神经系统。

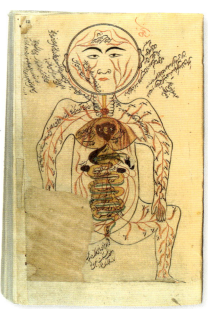

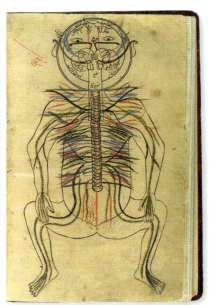

造的处方集。尽管现在，书中提到的许多天然植物都不再被认为是有效的（甚至是不安全的），但仍有一些植物被证实的确有药用价值。

数学的发展

当阿拉伯文明在向世界传播（至少部分起源于印度的）数学符号时，印度数学家并没有止步不前。到了 12 世纪，出现了一位能与婆罗摩笈多匹敌的数学天才，他的名字叫作婆什迦罗，为了避免和 7 世纪的另一位数学家混淆，我们通常称他为婆什迦罗第二。婆什迦罗第二生于 1114 年，出生地可能位于现在印度西部的卡纳塔克邦，他以一部重要作品《天文系统极致》而闻名，这个书名的含义类似于托勒密的《天文学大成》，直接翻译过来就是"著作之冠"。

这本书包括算术与测量、代数、行星运动和天空的旋转四大部分。第一卷有许多实际应用，例如计算利息，但也包括更复杂的数论概念，比如零和负数。（和婆罗摩笈多一样，婆什迦罗第二也提到了 0÷0 的问题，且他宣称结果是无限的。）然而，更令人印象深刻的是第二卷中的代数，和早期的其他书相比，它涵盖的方程范围更广，并发展出一些后来将形成微积分的早期理论（尽管还没有证据表明，17 世纪的微积分发展受到了这本书的影响）。这本书中许多的天文学成果都基于古希腊和早期印度哲学家已经建立起来的模型，但婆什迦罗第二似乎改进了他们的计算，得出了更准确的数值。

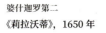

婆什迦罗第二
《莉拉沃蒂》，1650 年

《莉拉沃蒂》中的一页，出自《天文系统极致》的第一卷。它运用毕达哥拉斯定理解决了孔雀抓蛇的问题：蛇从柱子走向洞，而孔雀必须沿着斜边飞下来才能抓住它。

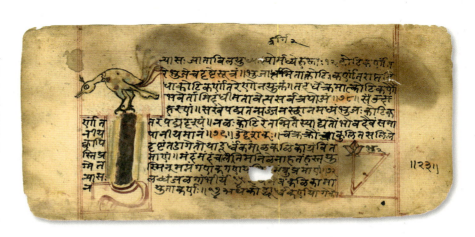

数学技能也是这一时期另一部极具影响力的著作的重心，这本著作就是斐波那契在 1202 年写下的《计算之书》。数学大师斐波那契（他父亲的外号是"Bonacci"，"Fibonacci"的意思是"波那契之子"）于 1175 年左右出生在意大利比萨。和这一时期大多数的数学著作一样，《计算之书》也包含了实用的数学技巧，例如对利息的计算。它的呈现方式也更接近现代对分数的表示。在斐波那契之前，分数由希腊文写成多项 $1/x$ 的组合，而不是直接在分数线上写上更大的数字。例如，在斐波那契之前，在表示 3/4 的值时，只能写成 1/2+1/4。《计算之书》还介绍了斐波那契数列——这个数列的每一项都通过把前两项数字加在一起得出，从 1、1、2、3、5、8、13、21 开始……斐波那契用一对兔子繁殖增长的插图来表明这种数列。

然而，这本书出名的主要原因在于《移项和集项的计算》（见第 41 页）的译本还没有把阿拉伯数字（斐波那契称其为"印度体"）传播到欧洲。当时，数字要么被写成文字，要么用不方便的罗马数字来表示，相比之下，阿拉伯数字明显更加实用。我们在前文已经了解到，《计算之书》并不是第一本赞美阿拉伯数字的外国书——事实上，早在 662 年，就有一位叙利亚主教强调过阿拉伯数字的好处——但《计算之书》才真正点燃了阿拉伯数字的火花，让更多人开始使用这套数字系统。

除了数字，《计算之书》还向欧洲介绍了零的使用，零是现代数学发展的必要条件。最初，和会计相比，数学家更爱用到零。因为手稿中的 0 很容易被改成 6、8 或 9，因此记账时更容易受到怀疑。出于这个原因，意大利佛罗伦萨市的议会在 1299 年下令禁止在账户中使用阿拉伯数字。甚至直

婆什迦罗第二
《莉拉沃蒂》，1650 年

这一页给出了毕达哥拉斯定理的又一个例子。

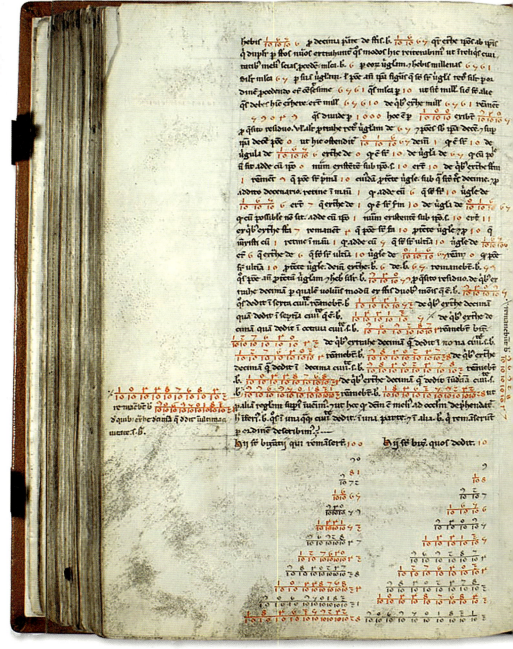

斐波那契
《计算之书》，1227 年

这两页介绍了斐波那契数列、普及了阿拉伯数字、展示了分数，这本书现在收藏在意大利佛罗伦萨国家图书馆内。

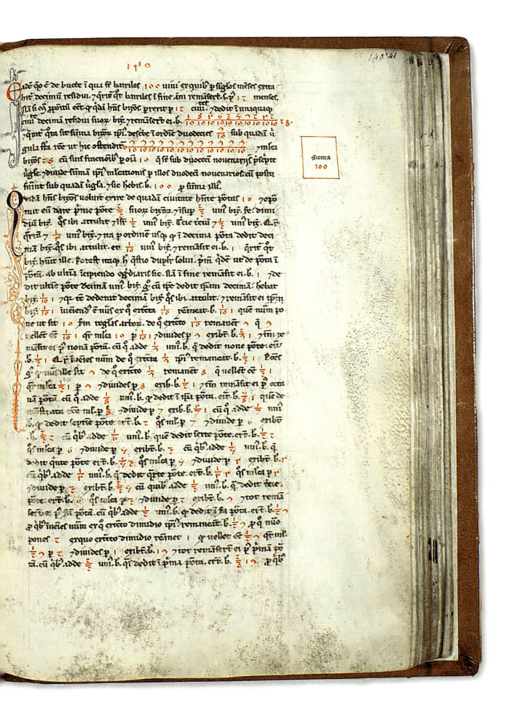

Suma
100

到 16 世纪，有一位比利时牧师仍要求他的供应商在合同中出现数值时只能使用文字。

排除万难

到了 13 世纪（此时斐波那契正在写《计算之书》），越来越多的欧洲人开始出书，主要是对古希腊和伊斯兰科学的评论，同时他们也加入了自己的新思想。这些书中只有很少一部分有持久的影响力，但罗杰·培根的《大著作》值得一提，既因为它是同类作品中最令人印象深刻的一部，也因为培根本人不同寻常的故事。

培根生于 1214 年或 1220 年（根据他唯一一本自传性质评论，存在两种说法），是天主教方济各会的一名修士，主要生活在英国牛津。培根似乎有一种自我驱动的性格。尽管他的教团团长裁定修士不应写书，但培根决心出版一本科学百科全书，并寻求教会的政治支持，让他能够出书。法国红衣主教盖伊·德·福尔克表示对培根的作品感兴趣，于是培根请求

罗杰·培根，1617 年

这位 13 世纪的英国修士、原始科学家兼作家并没有现存已知的画像。这幅插图出自迈克尔·麦尔（1568—1622 年）。

罗杰·培根

《大著作》（副本），15 世纪

1634 年，这本培根《大著作》的副本被捐赠给牛津大学博德利图书馆，此后一直保存在那里。

这是已知最早的培根著作的
副本，现存于英国伦敦的大
英图书馆。这页来自《大著
作》的第五部分，标题为
"论光学"。

德·福尔克为他破例，准许他出书并提供一些资金支撑。可惜的是，在请求过程中似乎出现了误解，两年后，德·福尔克终于回复说支持培根，并让培根将他的书（不存在）立马寄给他。更糟糕的是，德·福尔克让培根秘密地写书，因此并没有为他提供出书的许可，也没有给他资金支持，这是一场灾难，因为培根此时已经用完了他的遗产。

事情发展到此看起来很糟糕，但培根又交上了好运。德·福尔克出人意料地当选了教皇，成为克莱门特四世。培根由此获得了来自教皇的正式出书许可，培根决定给自己的大百科全书撰写一份推荐函，其中包含一封投稿信和书的概要。说培根为此入了迷都不过分：他的推荐函最终长达50万字。在推荐函被复制时，他开始写投稿信，这封信也成了一份重要的手稿。在1266和1267这两年时间里，培根又重复了一遍这个过程。培根这三部著名的书分别叫作《大著作》《小著作》和《第三部著作》，其中包含了数学、天文学、光学、地理学、哲学等内容。培根的书不只是单纯的哲学思考，其中有一节还描述了经验和实验对理解自然的重要性。

培根将他长长的前两卷推荐函寄给了教皇，此时第三卷可能仍在复制中。然而，他没能得到回复，因为此时教皇已经去世了。克莱门特四世很可能从未看过培根的杰出著作，而下一任教皇对科学不感兴趣，据说，培根因出书行为被判入狱长达13年。当时，培根的书遭到了查禁，但它们出乎意料地幸存了下来，留下了对这一时期科学进展的写照。虽然培根提出了一些独创性的观点，特别是关于革新历法和光的性质，甚至敢于质疑亚里士多德的一些思想，但《大著作》的最大价值在于培根广阔的视野。

尽管这一章涵盖的著作都非常重要，但受限于识字能力和每一本书都需要通过人手工抄写来复制，因此只有很少一部分人能接触到这些书。然而，在下一章中，随着印刷机的出现和识字率的上升，我们将看到越来越多的科学著作。

印刷引发的文艺复兴

书的革命

现在很流行谈论科学革命，但在这一章的历史时期——1200 年左右到 18 世纪末，同时发生了两大革命。一是在出版领域，活字印刷术传入西方，让更多的读者有可能接触到科学著作。二是在科学领域，哥白尼、牛顿等人的成果改变了人类对宇宙，以及对科学发展方式的看法。也是在这一时期，自然哲学发展成为科学。

科学史学家戴维·伍顿在他 2015 年的杰作《科学的诞生》中指出，这一时期见证了"发现"这一文字概念是如何诞生的。1492 年，哥伦布试图向西航行到中国时，意外发现了新大陆，但他找不到一个合适的词来描述这件事。当时，在所有欧洲语言中，只有葡萄牙语有"发现"或等同于"发现"的词（而且也是在哥伦布发现新大陆前几年才出现）。这一新时代的科学标志就是把视野看向外界并通过探索获得发现。在这之前，人类并不倾向于关注外部世界，而是向内寻求，进行哲学思考，或回顾过去，试图运用和诠释古代智慧。文艺复兴让人再次产生冲动去发现和思考。

用看似简单的探险航行来表明科学的变化似乎有些奇怪，然而，哥伦布航行的确是第一批明确反对亚里士多德宇宙模型的观测。在亚里士多德的宇宙观中，地球的四个元素（土、水、气、火）可能以各种各样的方式组合在一起，但基本结构要求是，由土构成的球体位于宇宙中心，外围依

哥伦布的信，1494 年

拉丁文木版画，在瑞士巴塞尔印刷。1493 年 2 月 15 日，哥伦布在"尼娜号"帆船上写信给西班牙国王斐迪南，宣称发现了新大陆。

次是由水、气、火构成的球体——从内到外，每个球体处于中心的倾向递减。

　　如果完全遵照亚里士多德的宇宙观（土位于最中心，水在土之外，土就无法超出水面），那么地球上就不会有陆地，这至少可以说是很不方便的。因此，人们普遍认为由土构成的球体是偏离中心的，这才使得一大块地能够突出水面，形成陆地。然而，如果是这样的话，除了像英吉利海峡这样局部的小裂缝以外，一定还存在一整块相连的土地。随着人们越来越清楚地认识到新大陆与欧洲相隔甚远，亚里士多德的宇宙模型似乎越来越不符事实，这为人们后来更容易接受哥白尼的《天体运行论》（文艺复兴时期最著名的著作之一，见第 66 页）奠定了基础。

亨里克斯·马提勒斯
世界地图，1489 年左右

与哥伦布航行同时期的世界地图，由德国制图师海因里希·哈默绘制。

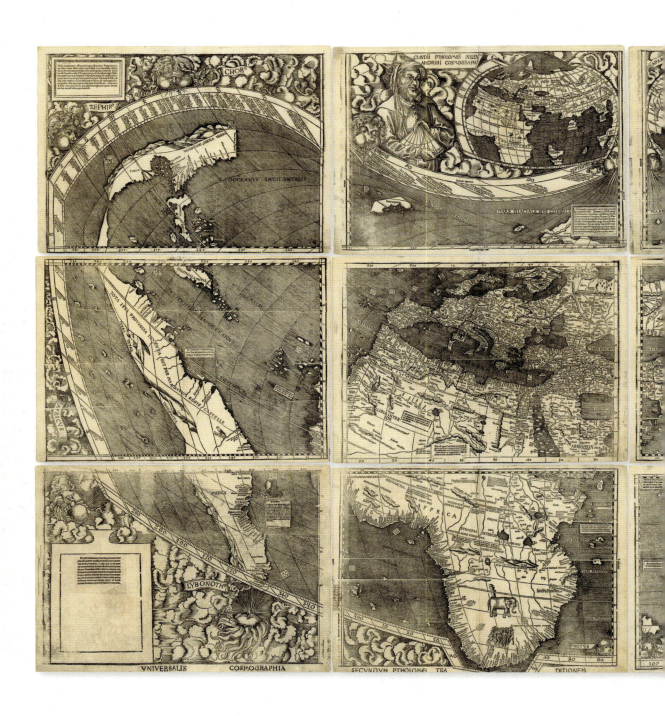

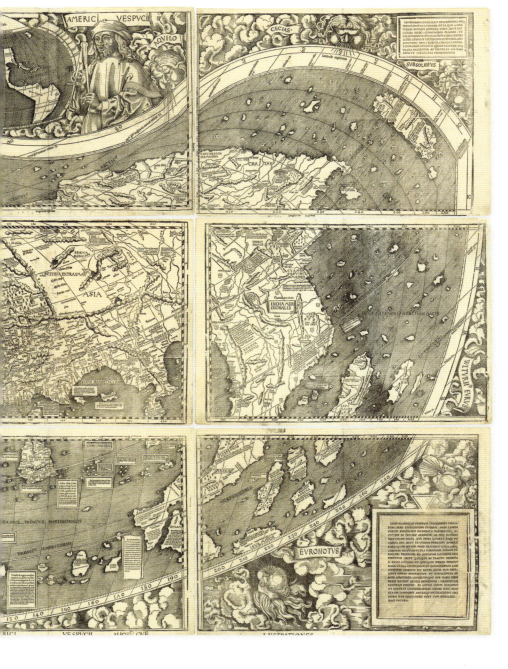

马丁·瓦尔德塞弥勒

《瓦尔德塞弥勒地图》，1507年左右

这是一幅挂在墙上的世界地图，由德国制图师绘制，它首次使用"亚美利坚"这个名字来称呼美洲，这幅地图的全称是《参考托勒密传统定义、维斯普西及其他人的发现制成的世界地图》。

发明大师

首先，让我们一起回顾一批旧手稿，尽管它并没有介绍任何新的科学事实，但在科学史上，它具有标志性意义。它就是列奥纳多·达·芬奇的笔记簿。达·芬奇的作品完美地展现了新和旧之间的过渡——这些笔记簿产生于活字印刷术发明后，上面的内容都是手写的，也从未被考虑过印刷出版——然而，达·芬奇的手稿却是最早一批在视觉上既吸引大众读者，又吸引专业读者的作品。极具讽刺意味的一点在于，达·芬奇似乎在故意让他人无法看懂他的原稿，他经常镜像书写，做只有自己能看懂的笔记。

从某些方面来说，达·芬奇的做法让人想起 13 世纪英国修士罗杰·培根的观点。培根曾说，"所有智者的著作之所以晦涩难懂，是因为大众嘲笑和忽视智慧的秘密，且对这些极其重要的事有什么用处一无所知。而且，如果大众偶然发现任何伟大的真理，就会抓住并滥用它，对个人和社会造成多方面的不利影响。"这段话引自一篇 1250 年左右写成的短文，但短文的标题名很长：《论艺术与自然的奇妙力量》（它完整的标题名直译为"关于艺术和自然的奇妙力量以及魔法无效的信"）。这封信的主要内容是在批评假装施魔法的骗子，同时对比了魔法的无效和培根声称观察到的自然以及科学的奇妙之处。此外，他还描述了一系列机制，确保只有少数精英能接触到知识，而大众没有这个机会。

培根说，一些这样的文字"隐藏在字母和符号之下，另一些则隐藏在神秘和比喻性的表达中"。因此，他建议在写作时可以使用暗语，或者只有知情的人才能理解的隐晦语言（培根常用的是《圣经》中的寓言）。之后，培根在多次描述火药的制造过程时，就用了一系列难以理解的措辞，最后还以一个加密短语结尾，这个短语到现在都还没被破译。在达·芬奇的笔记簿中，我们可以看出他同样希望不让一般人知晓他的发现和发明的秘密。

1452 年，达·芬奇出生于意大利佛罗伦萨市附近的芬奇镇。1476 年，达·芬奇开始担任艺术家安德烈·德尔·韦罗基奥的助手，后来以艺术家、发明家以及工程师的身份在文艺复兴时期开创了辉煌的职业生涯。他写下了大量的笔记。直到 1519 年去世，达·芬奇写下的内容相当于 20 多本书。当他没有在画人类、动物、植物和地质特征的草图时，他就在设计各种机械装置。比如，达·芬奇曾设计了舞台机械装置，当时逐渐复杂的舞台装

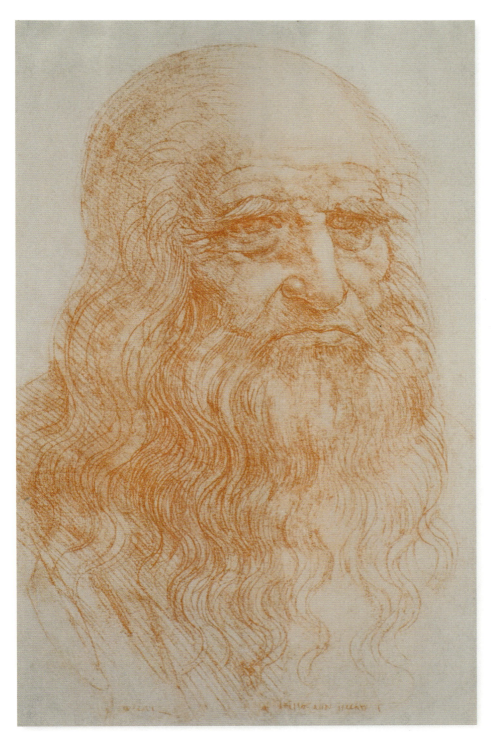

达·芬奇
自画像，1512 年左右
这张红色粉笔画在很大程度
上被认为是达·芬奇在 60
岁左右作的自画像（但也存
在其他说法）。

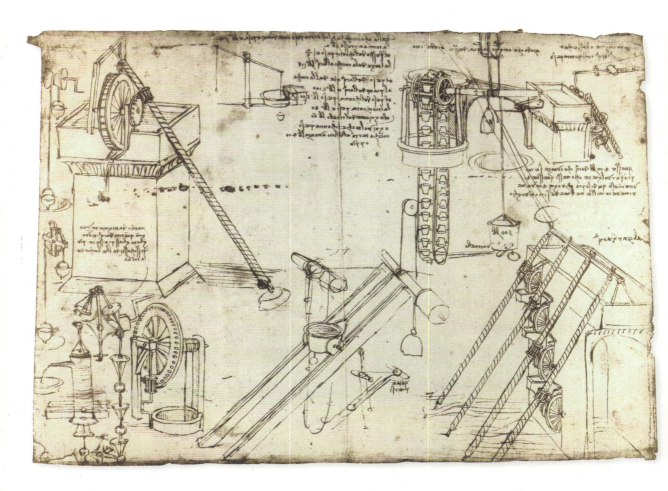

置让演员能够在空中飘浮，令观众惊叹不已。

达·芬奇的笔记簿的内容范围很广，从对绘画技巧的详细指导到机械装置的分解图。其中包括自动机，如机械骑士和"自动驾驶"货运车，这个货运车在移动过程中会逐渐驶向右侧。在生物学方面，达·芬奇根据解剖体绘画，以一种非常具有现代感的机械化方法来理解身体的运作，并解剖眼睛来理解视觉光学，然后再将这些全部写进他的笔记。他甚至还引用了许多欧几里得《几何原本》中的例子，但他画了属于自己风格的插图加以说明。

笔记簿中最精细且精妙的插图描绘了齿轮的运作方式。当时，它们还处于相对初期的发展阶段，但达·芬奇用到了所能用的一切，从简单的带铆钉的轮子到精密的涡轮。他在笔记簿中展示了许多发明，从潜水服到坦

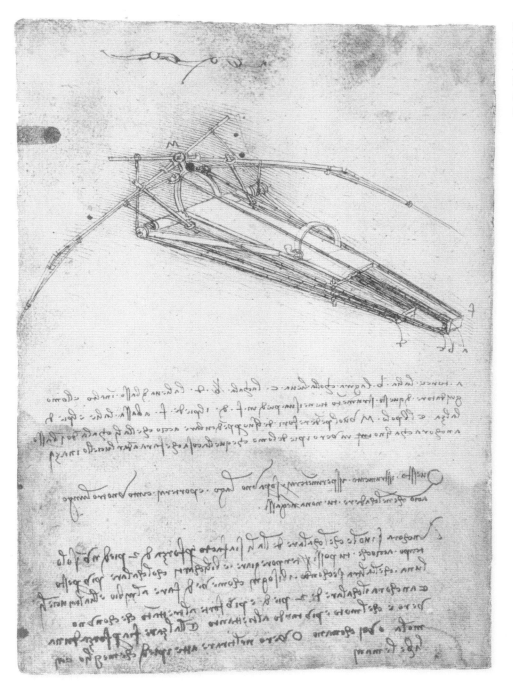

达·芬奇
《大西洋古抄本》，1478—
1519 年

这一页展示了"飞行装置"，
看起来与现代的悬挂式滑翔
机非常相似。

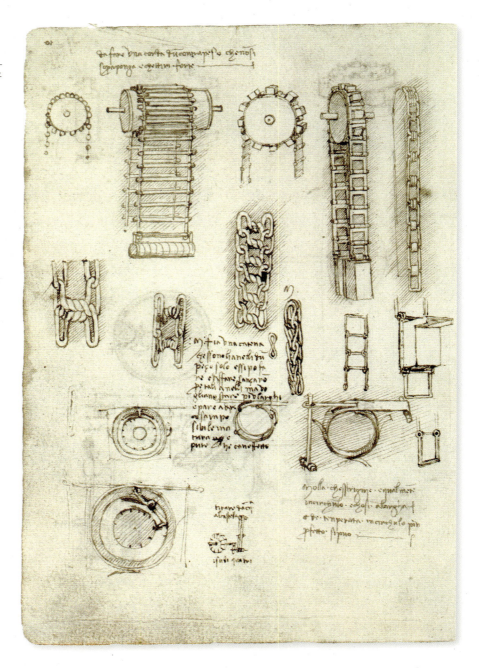

达·芬奇

《马德里手稿Ⅰ》，1493 年

达·芬奇为链条、链环和平衡物所画的草图。

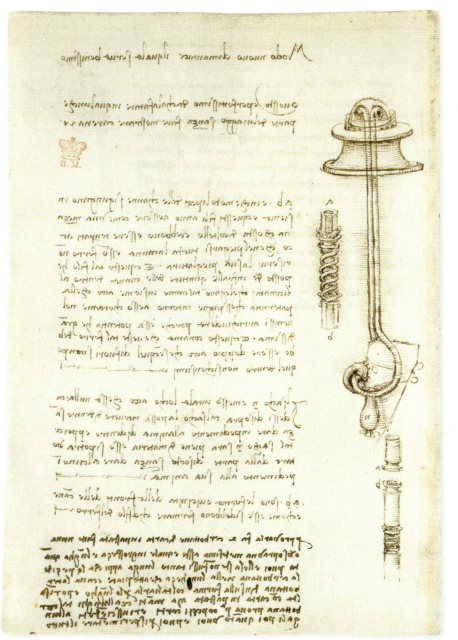

达·芬奇
《阿伦德尔手稿》，1508 年

达·芬奇对潜水员呼吸装置的研究。

克。在土木工程方面，他也设计了众多建筑物，从运河到复杂巧妙的桥梁。虽然达·芬奇的物理学观点可能与亚里士多德的物理学观点并没有太大出入，但他在作品中对物理学的呈现改变了这一领域。

天体革命

15 世纪 40 年代，欧洲引进了活字印刷机，见证了书的一系列改变，这些书可能还没有完全脱离培根的观点（科学应该远离大众），但它们在受过教育的人群中广泛传播，传递了科学信息。在这些书当中，第一本产生巨大影响（尽管过程相当缓慢）的书是尼古拉·哥白尼的《天体运行论》。

哥白尼，更准确地说是 "Mikolaj Kopernik"（他的波兰文原名），1473 年出生于波兰托伦古城（现在的托伦市）。名义上，哥白尼是费劳恩译格大教堂的咏礼司铎，但他从来不是一名活跃的神职人员。他对天文学有浓厚的兴趣，还进行了许多观测。当时，天文学家仍在用托勒密时代的本轮地心体系（见第 34 页），而哥白尼逐渐确信，要改进杂乱无章的天体运动体系，唯一的办法就是重新绘制宇宙（现代意义上的太阳系）模型图，将太

尼古拉·哥白尼
《天体运行论》，1566 年

哥白尼《天体运行论》的早期版本，1543 年它首次出版，而该版本出版于 23 年后，展示了行星围绕太阳运行的轨道。

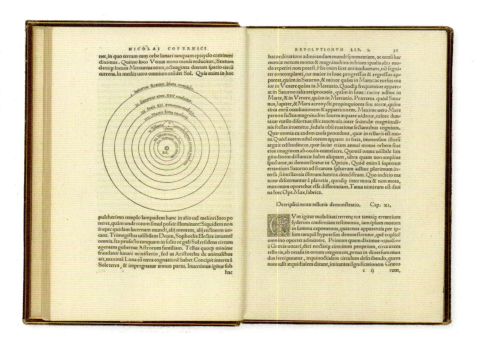

阳而不是地球置于宇宙中心。哥白尼在《天体运行论》中就这样做了。

直到 16 世纪 30 年代,《天体运行论》的手稿才基本完成,但哥白尼迟迟不愿发表,直到 1543 年(哥白尼去世前不久)它才出版。在书的最终版中,路德教牧师安德烈亚斯·奥西安德以出版人的身份在序言中明确表示,这个宇宙模型让计算变得更容易,但它并不比托勒密的宇宙模型更精准、更接近真相。(人们通常认为,抵制哥白尼日心说理论的只有天主教,从 1616 年到 1835 年,天主教都禁止这本书发行。但早期的新教领袖马丁·路德也曾尖锐地批评过这本书,他称哥白尼是一个蠢人,因为不管是太阳在宇宙中心,还是地球在宇宙中心,问题在于,《圣经》中已经指出是太阳在空中移动运行,而不是所谓的地球在旋转。)

人们很容易认为哥白尼从托勒密的宇宙观一下子跃迁到了我们现今的宇宙观,但实际上并不是,哥白尼仍然认为行星是一个完美的球体,行星运行的轨道也是正圆形。尽管他将太阳置于中心这一方法消除了外行星奇怪的逆向运动,但正圆形的轨道不能很好地解释天体的运动,所以哥白尼仍然不得不用到托勒密的"偏心点"概念,以让他的理论与观测现象相匹配。

这一时期的另一本书也重点介绍了天文学和宇宙学——这本书的销量

尼古拉·哥白尼
《天体运行论》,1566 年

由于哥白尼仍然假定轨道是圆形的,所以他仍然需要用到本轮和均轮来作一些解释。

《世界地图》，1564 年

这幅早期的世界地图出自明
斯特尔影响深远的地理、政
治、科学百科全书。1544
年，这本书首次出版，本页
展示的是它 20 多年后再次
印刷的版本。

不仅超过哥白尼的《天体运行论》，而且超过 16 世纪出版的除《圣经》以外的所有书。它就是塞巴斯蒂安·明斯特尔的《世界地图》。1488 年，明斯特尔出生在德国莱茵河畔的英格尔海姆，自然哲学只是他的业余兴趣——他的正式工作是教授希伯来语——但他对这一主题的热情以及优秀的表达能力让他的书非常畅销。

1544 年，明斯特尔的《世界地图》出版，这本书的全名是 "*Cosmographia. Beschreibung aller Lender: in welcher begrifen aller Voelker, Herrschaften, Stetten, und namhaftiger Flecken, herkommen: Sitten, Gebreüch, Ordnung, Glauben, Secen und Hantierung durch die gantze Welt und fürnemlich Teütscher Nation*"（德语，大概意思是 "世界地图——绘制了所有的土地：涵盖所有民族、国家以及命名的地点，包括全世界和整个德意志民族的习俗、信仰和法律"）。明斯特尔认为，这个长书名是有必要的。值得注意的是，在当时绝大多数已知的科学著作都以拉丁文出版的情况下，明斯特尔是用德语写的这本书，这让他的作品更容易为大众所接受。虽然它最终被翻译成拉丁语（以及其他一些语言），但它最初是为大众而写的。

事实上，明斯特尔更多作为这本科学百科全书的特约编辑，而不是作者，因为这本百科全书共有 100 多人撰稿。且这本书的焦点并不主要集中在科学上，许多章节致力于讨论各个国家和地区的地理。但作为 "世界地图"，该书名副其实，它从天文学和数学开始，然后聚焦于更详细的地理信息，书中有许多美丽的地图。

塞巴斯蒂安·明斯特尔
《世界地图》，1564 年

第一版《世界地图》的内页。

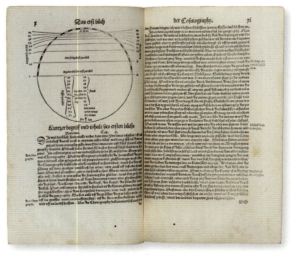

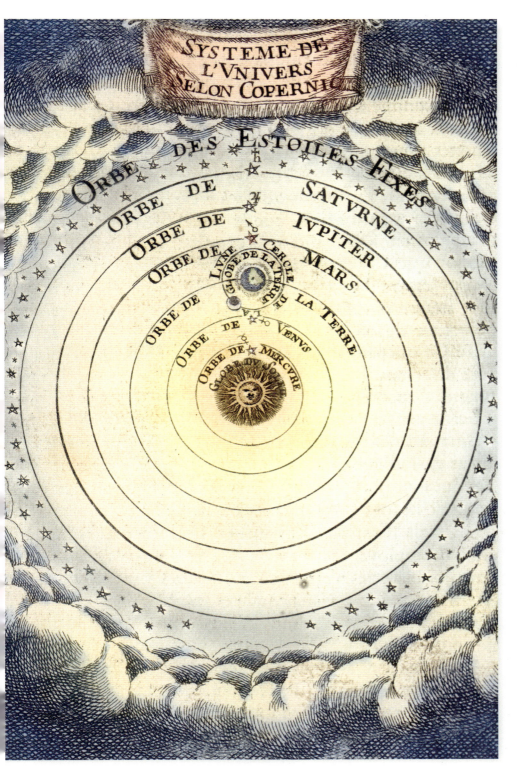

阿兰·曼尼森·马莱
《哥白尼宇宙系统》，1683
年左右

书中的一幅彩色插图，根据哥白尼提出的宇宙观所作（见第 66 页），出自马莱 1683 年的《描绘世界》。这本书与明斯特尔的《世界地图》相似，都以作者的母语，而不是拉丁语出版，且内容都涵盖了地理和天文学主题。

明斯特尔这本书的影响持续到了 100 多年后,当时法国军事工程师兼制图师阿兰·曼尼森·马莱写下了共 5 卷的《描绘世界》。和明斯特尔一样,马莱也决定用自己的母语写作,尽管这在 1683 年《描绘世界》(书的封面很有特色)出版时已较为常见。在整体安排上,《描绘世界》也和《世界地图》很相似,它将天文信息与大量地理资料结合在一起,包括地图和关于风俗、宗教、法律的信息。

将明斯特尔的畅销书(仅德语版发行量至少就有 5 万册)与同时期另一本销量可能不到 200 本的书做对比是很有趣的,后者从某种奇怪的字面意义上来说,也是革命性的。它就是德国数学家彼得·比内维茨在 1540 年出版的《御用天文学》。《御用天文学》中介绍的天文学内容完全源自托勒密,不掺杂任何新的思想,但这本书了不起的地方在于,它为每一颗行星都配了带旋转运动部件的精美刻度盘,让读者能够通过日食、月相和万年历,计算出行星在某一时刻所在位置。

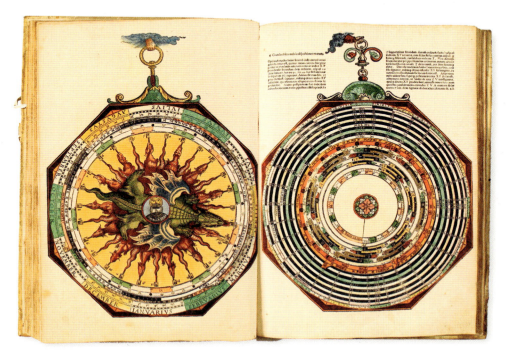

彼得·比内维茨
《御用天文学》,1540 年

35 幅精美的表盘状插图中的两幅,被称为星历表,出自这本珍贵的古籍。

Curfum Martis fecundum Zodiaci longitudinem, quo eúque tempore, celeriter & citra negotium deprehendere.

ARS PLANETA TERTIVS à Saturno, calidæ ficcæ temperature eft, ideoq bellorum dominus putatus, quod flauæ bili non abfimile quid, in corporib' humanis efficiat. Hinc enim eft, q cum græci ΠΥΡΟΙΔΑ id eft, ignitum vocent. Huius motum qui eft fcitarus, Rotas fingulatim pfpiciat hortor. Quas quidem non ita multum à prioribus differe videbit, nifiq in Marte venter Draconis rectè in auge deferentis habetur, femperq aquilone verfus, ab ecliptica fpectat. Venter aũt meridionalis ex aduerfo augis fituatur, fedulòq in latitudine meridionali perdurat. MARTIS curfum quæfi tuto, propofiti temporis centenarius pxime ſcedens minor, ex rabula accipiendus erit, & hoc, fi tempus fit poft Chriftum natum. Radices præterea medii motus & argumenti, fub titulis fuis capiendi. Si vero ante Saluatoris ortum, tempus proponitur, iam centenarius ppofiti numeri proximus fequens feu minor, eligendus eft. Habita ex tabula radice medii motus & argumenti, eadem in Zodiaco quæratur, indice M eidem fuperpofito. Annos deinde centenarium fuperantes, in limbo rotæ illius infpice, per quos filum A tenfum cũ fuerit. index M rurfus fubordinetur. Filo A, diebus & horis electi temporis adiũ cto, index denuo fubftituatur. Eo facto, fimulae rota pro voluntate operaturi inftituta eft. In Zodiaco aũt medius motus Martis cernitur. Oftenforem P augi Martis (quam 4 enunctiatinueniredocuit) adhibens, rotam eandem rite locaueris. Ad epiciclum veniens, nota cõ tactú lineæ indicis M & circuli G H I, eundem locum in circulo K L M, fecundum lineam fequuti obferua, per quem filum E ducatur, epicicli centro cum cruce ✠ augis fubornato. Epiciclo fic ordinato, quæratur argumenti radix ante per tabulam accepta in limbo inferiori, cui indicem Y fuperioris circuli fuperapta. In fuperiore quoque circulo, annos fuperfluos numera, cum filoq epicicli nota, indice Y eodem ducto. Præterea cum diebus fimiliter agenti, epiciclus perfectè locatus erit.

Quomodo verus Martis locus, argumentum & centrum inueniantur.

¶ Verum locum Martis in Zodiaco. filo A per ftellam epicicli ducto videbis, Idem filum per centrum epicicli tenfum, in G H I circulo verum dat. A fectione exterioris epicicli ufq ad indicem Y fuperioris, numerans. Argumentum verumhabebit. Centro & Argumento cuftoditis, infra ad latitudinem opus effe fcito.

Hactenus dicta, triplici cõpendio libet repetere, quoq primum Imperatoris CAROLI natiuitas, illuftrabit.

Exemplũ CAROLI Imperatoris. ¶ Natiuitatis Imperatoriæ tempus æquatum, ut fæpe auditum eft, 1500 annos, 23 dies, 16 hor. 20 mi, continet. Hoc tempus, quia poft Chriftum eft, proximè antecedens minor centenari", qui eft 1400 accipiendus erit. Illius radix medii motus, 8 ♌ 6 ɔ 38 ꞌ 21, Argumẽ tum verò 8 ꞌ 3 ɔ 15 ᵒ 3, fub titulis accõmodis habentur. Signa ergo, gradus & minuta medii motus in Zodiaco inueftiganda, inueftigatáq cum indice M notanda. Quandoquidem verò à 1400 ufq ad 1500 natiuitatis tempus, adhuc 99 anni fuperfunt, icirco iidem in limbo eiufdem rotæ quærendi funt. Quæfitis filo A addendum, indice fub idẽ reducto. Eodem modo cum diebus & horis, rationaliter diftinctis, agendum, Ibidem igitur filo & indice firmato, medius motus Martis in Zodiaco adhoram ppofitam, 8 ꞌ 2 ɔ 23 ᵒ 56 cernetur. Aux poftea per 4 enuncitatum habita cum eft, quæ ꞌ 3 ꞌ 4 ꞌ 5 ꞌ 7 ᵒ habet, eadem in Zodiaco requiratur, & cũ P monftratore firmetur. Locus infuper circuli G H I, ab indice M tactus, obferuetur. Transfeitisq in K L M circulum, punctus ibidem inuentus notetur, per quem filo æquantis educto, centrum epicicli cum cruce ✠ augis fupponatur. A cruce ✠ poft, radix argumentiex tabula fumpta, vbi numerata fuerit, cum indice Y fignetur. Filum epicicli rurfus per 99 annos, & hoc in limbo fuperioris epicicli) oftenfore Y admoto extendatur. Ultimo filum per dies 23 hor 36 mi 20 Februarii ducatur. Cui filo, fi denuo indi cem fubftituis, in limbo inferioris epicicli, medium argmetum Martis Signoq. 8 graduum 20 minutorum 33 patet. Iam filum A repere, quod per ftellam

Centenarii annorum ante & poft Chrifti aduentum	Radices poftChriftum.	Radices ante Chriftum.	Centenarii annorum ante & poft Chrifti aduentum	Radices poft Chriftum	Radices ante Chr
Annus Chrifti	ᔆ. Ḡ. M̄.	ᔆ. Ḡ. M̄.	Ann⁹ Chrifti	ᔆ M̄ ᔆ	ᔆ
	1 11 24	1 11 24		7 36 14	7
100	5 11 58	11 9 49	100	5 29 1	5
200	5 14 33	9 8 14	200	3 22 40	3
300	4 16 51	7 6 12	300	1 24 31	1
400	4 17 41	5 5 4	400	7 17 9	7
500	11 19 18	3 5 13	500	5 10 59	5
600	3 30 30	1 1 55	600	7 11 49	7
700			700	5 10 59	5
800	5 24 2	8 28 41	800	3 22 40	3
900	5 25 17	27 10	900	5 12 4	5
1000	9 27 11	4 25 17	1000	11 18 26	11
1100	11 28 4	1 24 1	1100	9 17 36	9
1200	2 0 1	0 22 26	1200	7 18 14	7
1300	4 1 56	10 20 51	1300	5 15 14	5
1400		8 19 16	1400	1 14 4	1
1500	8 3 30	6 17 41	1500	7 14 13	7
1600	10 0 41	6 16 6	1600	11 21 22	11
1700	0 8 16	2 14 31	1700	9 22 11	9
1800	0 9 43	0 12 57	1800	7 11 41	7
1900	6 11 8	10 11 22	1900	5 10 50	5
2000	6 13 0	9 9 47	2000	3 9 59	3
2100	8 14 15		2100	9 8 2	9
2200	10 16 12	4 6 38	2200	11 18 4	11
2300	4 17 44	5 5 3	2300	9 7 27	9
2400	2 19 19	4 28	2400		
2500	4 20 54	9 3 53	2500	5 5 45	5
2600	10 22 32	8 2 18	2600	4 4 55	4
2700	0 24 8	5 28 41	2700	4 4	
2800	10 25 38	2 27 9	2800	3 3 21	3
2900	0 27 11	0 25 34	2900	1 2 21	1
3000	1 28 48	11 23 59	3000	7 1 21	7
3100	1 29 51	9 22 24	3100	5 0 41	5
3200	7 1 48	7 20 49	3200	3 28 39	3
3300	0 3 21	10 19 15	3300	5 28 59	5
3400	11 5 7	1 17 40	3400	10 28 9	10
3500	1 6 43	1 16 5	3500	18 27 18	18
3600	10 8 3	11 14 30	3600	6 26 27	6
3700	5 11 13	7 18 20	3700	4 25 50	4
3800	5 11 27	0 11	3800	12 46 6	12
3900	11 14 16	7 0 46	3900	0 25 55	0
4000	11 14 16	8 11	4000	10 23 4	10
4100	9 15 52		4100	8 22 14	8
4200	1 17 46	6 6 14	4200	6 21 21	6
4300	7 19 21	3 3 1	4300	4 20 31	4
4400	7 20 50	9 4	4400	2 19 40	2
4500	6 11 30	8 18	4500	0 18 50	0
4600	6 11 37	1 28 41	4600	10 18 0	10
4700	1 25 40	0 27 7	4700		
4800	1 26 6	10 25 13	4800	6 16 18	6
4900	1 28 50	8 23 57	4900	4 15 28	4
5000	0 21	6 22 21	5000	2 14 37	2
5100	5 2 0		5100	0 13 47	0
5200	3 14	4 20 48	5200	10 12 55	10
5300	5 14	2 19 13	5300	8 12 5	8
5400		0 17 38	5400	6 11 14	6
5500	4 6 46	10 16 3	5500	4 10 24	4
5600	6 8 10	8 14 29	5600	2 9 32	2
5700	0 9 57	6 12 54	5700	0 8 42	0
5800	10 11 28	4 11 19	5800	10 7 51	10
5900	3 14 18	0 10 50	5900	8 7 1	8
6000		10 5 1	6000	4 5 20	4
6100	4 10 13	8 3 26	6100	4 5 20	4
6200	10 17 42	5 28 41	6200	2 4 29	2
6300	0 18 43	4 0 14	6300	0 3 39	0
6400	10 20 17	2 0 15	6400	10 2 48	10
6500	0 21 54	11 18 40	6500	8 1 58	8
6600	4 14 45	9 17	6600	4 1 7	4
6700	0 27 10	7 15 30	6700	4 0 14	4
6800	11 10 29	5 13 56	6800	2 29 26	2
6900	0 0 26	3 21 21	6900	11 28 33	11
7000	1 1 18	1 20 40	7000	9 28 42	9

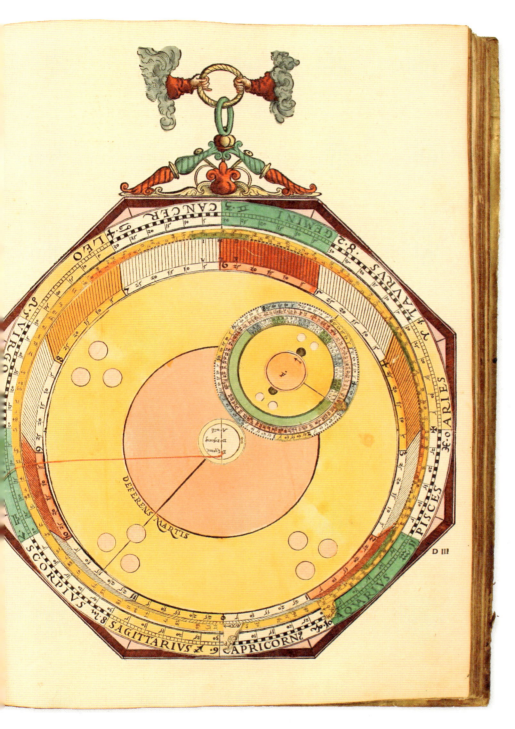

彼得·比内维茨
《御用天文学》，1540 年

出自这本书的另一幅插图，展示了与黄道带相对的火星位置的计算。

从矿山到数学再到头脑

如果说明斯特尔将读者从天上带到陆地上，那另一位德国作家就带读者深入了地球深处。1494 年，格奥尔格·阿格里科拉在德国格劳豪出生，人们公认他是第一位具有重大意义的矿物学家，但他的著作《论矿冶》出版时，他已经去世了。

与其说《论矿冶》是一本纯理论科学书，不如说它是一本工程学著作。作为采矿工程师的实用指南，书中描述了如何找到有价值的矿物，并对挖掘、破碎和熔炼矿石提供了指导，书中还讲解了分离混合金属的方法。《论矿冶》一直是一本重要的指南，直到 18 世纪。阿格里科拉见证了大量早期作品出版，特别是更具科学性的地质学书《论地下之物的起源和原因》，但这些作品产生的影响并没有那么持久。在 1550 年左右阿格里科拉完成《论矿冶》后，将许多插图雕刻成木块以备印刷的工作出现了长时间的延迟。为了制作这些木刻，《论矿冶》的出版被推迟到 1556 年，也就是阿格里科拉去世后的一年。

16 世纪是数学思想一个新的觉醒时期。在这 100 年间，这些数学思想都还没发展成熟为著作成果。但在 16 世纪，意大利仍有两位数学大师。其中一位是 1501 年出生于意大利帕维亚的吉罗拉莫·卡尔达诺。卡尔达诺本来具备成为一名医生的资质，但他因有私生子且缺乏社交能力没能取得医生的资格证书，最终导致无法行医。这是医学界的损失，却让数学界得到收获。卡尔达诺是一位多产的数学及科学作家，出版了 200 多部作品。

格奥尔格·阿格里科拉
《论矿冶》，1556 年

木刻版画，提水的机器（左图）采矿技术（中图）和冶炼炉（右图）。为了制作插图的木刻，《论矿冶》的出版时间被推迟。

格奥尔格·阿格里科拉
《论矿冶》，1556 年

从采矿到冶炼，整个过程由
一块木刻呈现，而制作木刻
花了很多时间。

在卡尔达诺的众多作品中，有两本书脱颖而出。一本是 1545 年出版的《大术》，它是一部关于代数的杰作，汇集了以前从未见过的方程的解（包括有争议的立方方程的解，它由另一位数学家尼科洛·塔尔塔利亚发现，私下告诉了卡尔达诺，并请求卡尔达诺不要出版）。《大术》这本书还广泛使用了负数（在这一时期的数学中很少见），并开始阐述基于负数平方根的虚数这一概念。然而，卡尔达诺的另一部杰作现在看起来似乎意义更大，它就是《论赌博游戏》。虽然这本书 1560 年就写完了，但直到 1663 年，也就是卡尔达诺去世后很久，它才出版。卡尔达诺这项成果很重要，它首次以系统的方式研究概率，开辟了一个全新的数学领域。

从某些方面来说，这一时期的另一位数学家的名气要比卡尔达诺小，他就是拉法耶尔·蓬贝利，于 1525 年左右在意大利博洛尼亚出生。蓬贝利的著作和卡尔达诺的《大术》同属一个领域，书名很简单，就是《代数》。这本书最重要的价值在于让我们对虚数有了完整、现代的理解，包括为我们提供了 -1 的平方根 "i" 这样的现代数学符号。

16 世纪被证实是科学哲学——对科学方法的分析——著作的一个重要时期。正如罗杰·培根在 13 世纪曾提出的那样，哥白尼等早期科学家不

吉罗拉莫·卡尔达诺
《大术》，1545 年

这位意大利数学家关于代数的杰作在 1545 年首次出版，其中包括许多以前没出现过的解答。

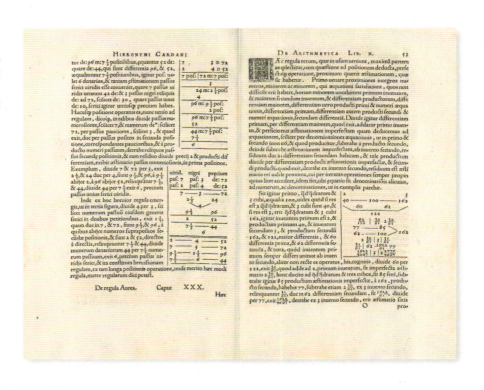

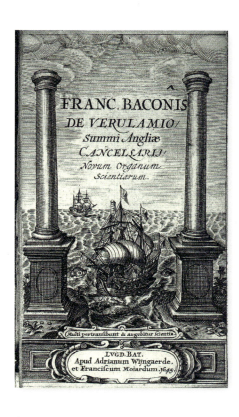

弗朗西斯·培根
《新工具》，1645年
——————
培根最著名的作品的封面插
图，这是 1620 年首次出版
后 25 年的版本。

仅基于哲学理论，还试图采取由观察驱动的方法来研究自然哲学。1561 年
在英国伦敦出生的政治家弗朗西斯·培根（他与罗杰·培根并没有亲属关
系）就有效地阐释并描述了这种方法（尽管有些地方也难以理解）。弗朗西
斯·培根写下了许多著作，其中最著名的是 1620 年出版的《新工具》。他
的写作风格古怪，夸张色彩浓郁，所以他的书出名的原因并不在于书中的
内容细节，而在于他的写作方法。弗朗西斯·培根认为，自然哲学家应该
对事物保持怀疑的态度，并结合观察和归纳来获得知识。

　　弗朗西斯·培根通常被称为"科学方法之父"，尽管现代科学史学家倾
向于淡化他的重要性，但他的工作无疑对英国皇家学会创始人产生了重大影
响。英国皇家学会于 1660 年成立，是世界上现存最古老的科学机构。弗朗
西斯·培根最重要的观察之一就是打破了人造和自然之间的传统区别。例
如，在这之前，自然哲学家认为人不可能从人工制造的彩虹中学习关于自然
彩虹的知识，但培根认为，自然和人造"在形式或本质上"没有任何区别。

磁性宇宙

汉斯·冯·亚琛
约翰尼斯·开普勒，油画，
1612 年左右

德国数学家的肖像。

弗朗西斯·培根的方法论很难完全扎根：如果我们观察最终解决了本轮问题的德国数学家约翰尼斯·开普勒的工作成果，我们会发现一种缓慢的思想转变，即从古希腊式的哲学方法转为更培根主义的、以数据驱动的方法——从内观的方法转为更外观的科学。开普勒写下三本关于天文学和宇宙学的重要著作。最早一本是 1596 年出版的《宇宙的奥秘》，这本书支持哥白尼的宇宙观，在论证过程中提出了一个关于太阳系结构的哲学论点，它在视觉上极具吸引力，但却是错误的。

开普勒认为，在当时已知的 6 颗行星中，从水星到土星，每一颗都在球体上，又由 5 个柏拉图立方体（正八面体）隔开——古希腊人发现可以

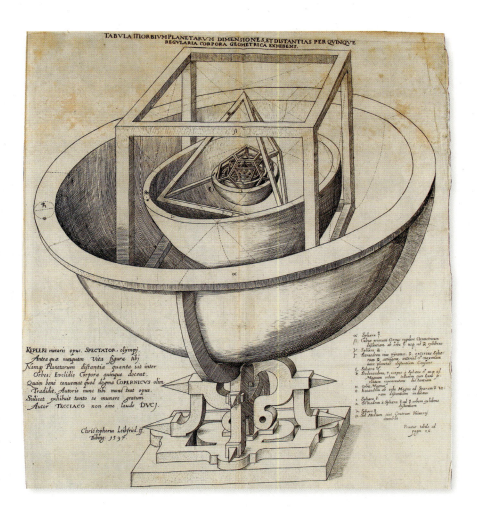

约翰尼斯·开普勒
《宇宙的奥秘》，1621 年

开普勒在 1596 年出版的这本书中设想的构成太阳系的柏拉图立方体。

用相同的形状，如三角形或正方形，构成立方体。开普勒建立这一模型更多基于神学和哲学，而不是科学推理。然而，这确实让开普勒开始远离仍困扰哥白尼宇宙观的本轮（见第 67 页）。

开普勒的第二本天文学著作是《蛇夫座脚部的新星》。它描述了一颗1604 年发现的超新星，从最初十分明亮到逐渐消亡。开普勒论证了，由于这颗新星没有视差运动（当我们先用一只眼睛看一个物体，然后用另一只眼睛看同一个物体时，我们看到物体位置发生了变化），那它一定在月球轨道外很远的地方。而亚里士多德的宇宙模型要求月球轨道外的一切都是不变的，所以观察到的这颗新星作为又一证据削弱了亚里士多德的宇宙观。

然而，在开普勒的天文学代表作中，他意识到可以完全废除本轮和天球理论，并根据他观察到的情况（行星沿着"轨道"运行）精确地建立模

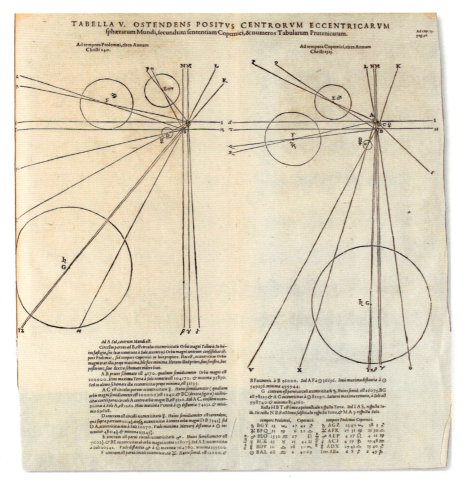

约翰尼斯·开普勒
《宇宙的奥秘》，1621 年

图表展示了"偏心"的概念，开普勒认为行星轨道是椭圆的，不再需要这些结构。

约翰尼斯·开普勒

《蛇夫座脚部的新星》，1606 年

插图中展示了蛇夫座中"新星"的位置——蛇。

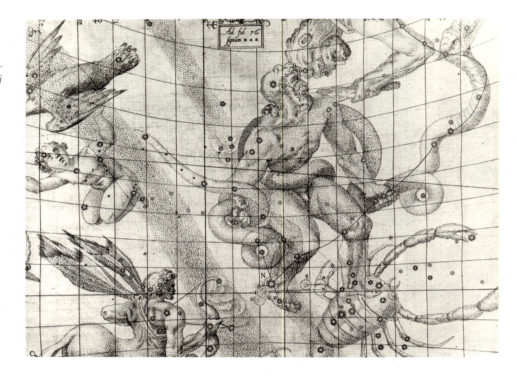

约翰尼斯·开普勒

《新天文学》，1609 年

在这本书中，开普勒舍弃了轨道是正圆形的观点，太阳系结构由此得以简化。

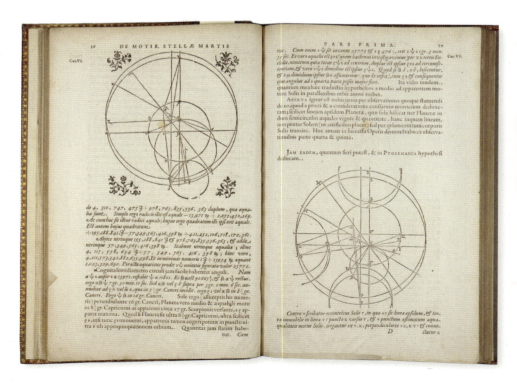

型。这些轨道并不是正圆形，而是像蛋一样的椭圆形（但也有例外，比如地球轨道就很接近圆形）。这一模型以及开普勒关于行星运动的前两大定律——行星绕太阳运行的轨道是椭圆形，太阳在椭圆的一个焦点上；行星和太阳的连线在相等的时间间隔内扫过的面积相等——发表在他1609年的著作《新天文学》中，对大众接受哥白尼的宇宙观具有重大意义。

开普勒的许多论点都建立在丹麦天文学家第谷·布拉赫高质量的观测成果上。但具有讽刺意味的点在于，两人对天空结构的理解并没有达成一致。布拉赫意识到了论证月球绕地球旋转、行星绕太阳旋转的好处。但他令地球例外，让太阳（及绕太阳运行的行星）绕着地球旋转，从而与亚里士多德的物理学观点大部分保持一致，尽管他愿意质疑月球轨道外空间静止的观点。

开普勒的另外两本书也值得注意。一本是在1619年出版的《世界的和谐》。和他的《宇宙的奥秘》一样，《世界的和谐》中的论证更多倾向于我们现在所认为的哲学而非科学。书中表明，行星间的距离与构成和声的音符遵循着相同的关系（由此诞生了一个奇特的概念"天体音乐"，当然开普勒并不认为行星会产生真正的音符）。然而，这本书的最后一部分介绍了他的行星运动第三定律，将行星轨道的大小与行星绕太阳一周的时间联系起来。另一本书是1627年出版的《鲁道夫星表》，以罗马帝国皇帝鲁道夫二世的名字命名，这份星表很大程度上基于布拉赫收集到的数据，它代表了当时最高的天文水平，里面还有一幅令人印象深刻的世界地图。

许多哲学家都想知道，如果不存在透明的球体来固定行星，行星究竟是如何保持在它的轨道上的。一个流传较广且可能的答案是磁力——一种能够影响远处固体的自然力。开普勒认为磁力就是答案，他的判断基于英国自然哲学家威廉·吉尔伯特在1600年出版的书《论磁》。

尽管吉尔伯特对引力的看法是错误的，但他的书仍然是一本重要的著作，因为《论磁》是第一本详细研究磁铁的科学著作。书中描述了他进行的一系列实验，包括生产出一种名为"terrellas"的磁性球体，用来展示地球磁场是如何根据人的位置变化而变化的。这是培根方法的一个明显例子，从人造事物中学习自然规律，它对完全掌握实验方法必不可少。按照培根的观点，吉尔伯特的这本书是现代意义上第一本真正的科学著作。

就在吉尔伯特撰写《论磁》时，印刷机对科学和信息传播产生的影响

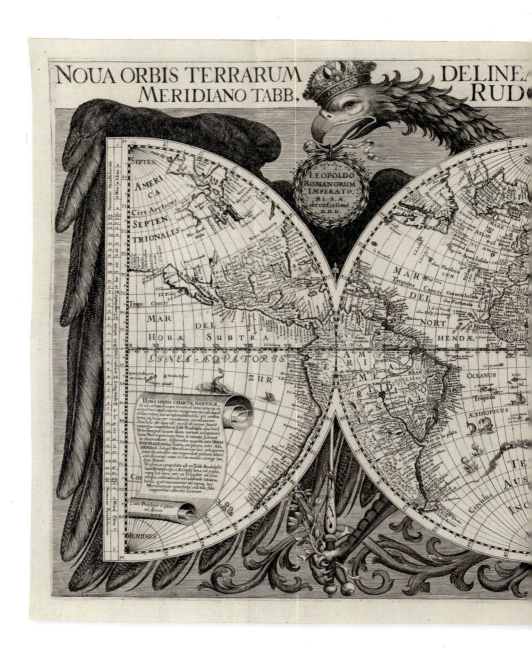

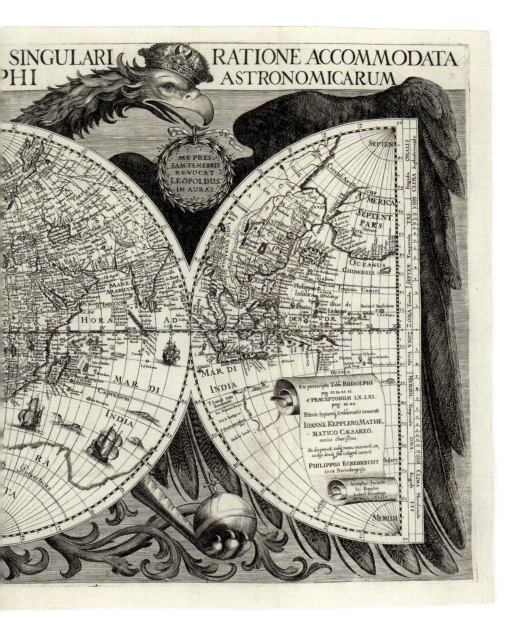

约翰尼斯·开普勒
《鲁道夫星表》，1627 年 /
1658 年

这幅令人印象深刻的世界地
图由开普勒委托制作，菲
利普·埃克布雷希特绘制，
J.P. 沃尔什雕刻。它是后来
增加的内容，在 1627 年首
次出版的书中并没有出现。
有证据表明这幅地图诞生于
1630 年，但它更有可能是
在 1658 年首次出版。

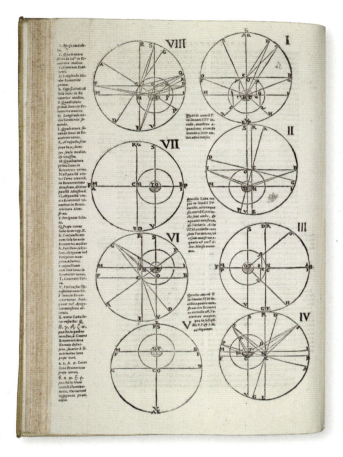

约翰尼斯·开普勒

《鲁道夫星表》，1627 年 /
1658 年

《鲁道夫星表》的内页和标
题页。

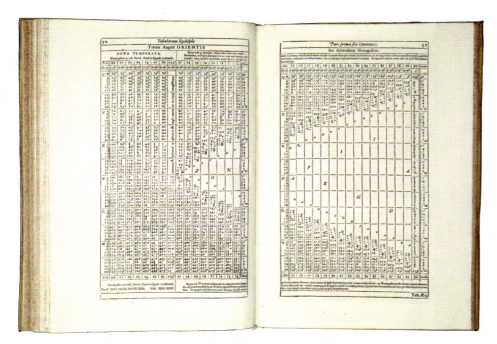

约翰尼斯·开普勒
《鲁道夫星表》，1627 年

开普勒基于第谷·布拉赫的观测数据制作的大量天文表之一。

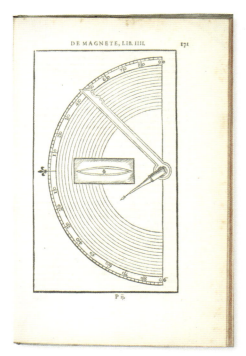

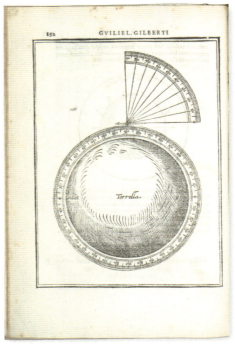

威廉·吉尔伯特
《论磁》，1600 年

吉尔伯特《论磁》中的页面，右边的插图展示了他制作的磁性球体中的一个。

开始变得显著。事实上，吉尔伯特还第一个指出了一个既困扰读者又困扰
科学家的问题：信息过载。他写道，知识分子现在面临着"如此浩瀚的书
海，令好学的人感到疲惫和烦恼"。

然而，就印刷机对科学传播产生的影响来说，无疑是积极的多于消极
的。因为新思想由此得以在自然哲学家之间传播，让他们在彼此的启发下
建立起新的成果。曾经，亚里士多德的观点被认为是不容置疑的，现在有了
印刷副本，让挑战亚里士多德的思想成为可能。书不仅是传播科学信息的媒
介，还引发了讨论，这是相隔遥远的大学里孤立的个人永远无法做到的。

人体内部

尽管天文学（以及某种程度上的磁学）是这一时期新科学的主要内容，
但它并不是唯一一个迅速发展起来的领域。1543 年，弗拉芒人安德烈·维
萨里医生写下了 7 卷本《人体构造》，这本书在人体解剖图方面甚至超越了
列奥纳多·达·芬奇的手稿。维萨里突破了盖伦和希波克拉底医学理论的

安德烈·维萨里
《人体结构》，1555 年

人体的内部结构插图，这是
该书 1543 年首次出版 12 年
后瑞士的印刷版本。

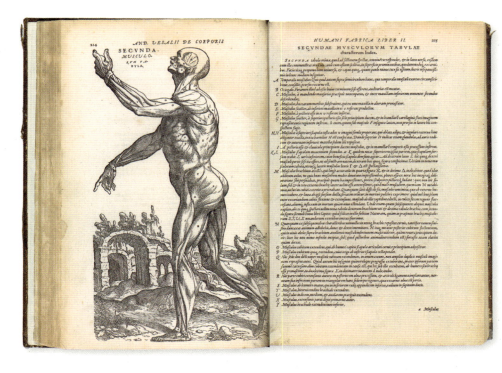

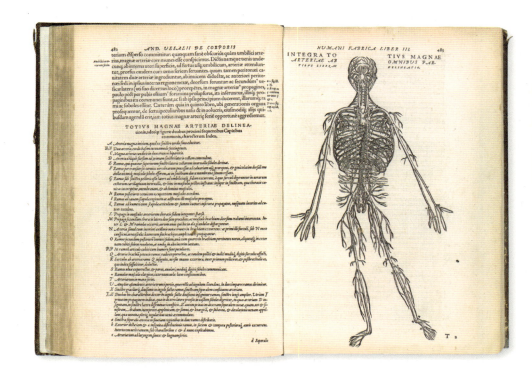

局限性（就像亚里士多德在物理学和宇宙学上的观点具有限制性一样），指出了许多解剖学错误，并基于更好的解剖观察，对解剖学提出了新的理解。

不到 100 年后，1578 年在英国福克斯通镇出生的医生威廉·哈维在1628 年出版了一本具有里程碑意义的医学著作——《心血运动论》。这本书只有 72 页，它首次详细分析了人体内的血液循环。哈维的工作成果建立在对动物的仔细观察和实验上，他还运用绷带暂时抑制人体的血液流动来观察。在这之前，谈到心脏的作用，人们通常认为它在很大程度上是精神的，而不是躯体的，但哈维清楚地将心脏视为造成血液流动的泵。他确定了瓣膜是单向阀，并证明对心脏泵送的血液总量来说，血液循环这一概念是必要的。因为哈维与盖伦的医学思想背道而驰，所以这一新理论在几十年后才被广泛接受。

与哈维同时期的另一本著名医学著作值得拿来对比，它就是尼古拉斯·卡尔佩珀的《草药全书》（该书于 1652 年首次出版时的书名为《英国医生》）。尽管哈维的著作展示了人类解剖学知识的进步，但此时医学仍处于黑暗时代，与一些不科学且通常有害的古希腊观念联系在一起。1616 年，卡尔佩珀出生于英国伦敦，他专注于研究药，认为药可以实际改善患者健康状况。

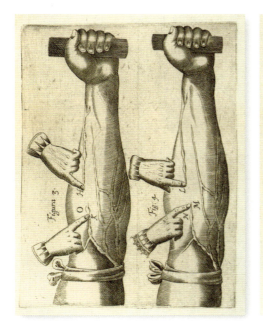
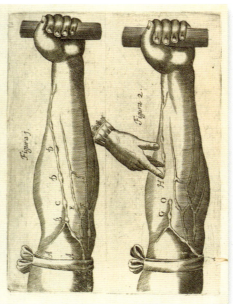

威廉·哈维
《心血运动论》，1643 年

用绷带限制血液流动的插图。这本书于 1628 年首次出版，这是 15 年后 1643 年的印刷版本。

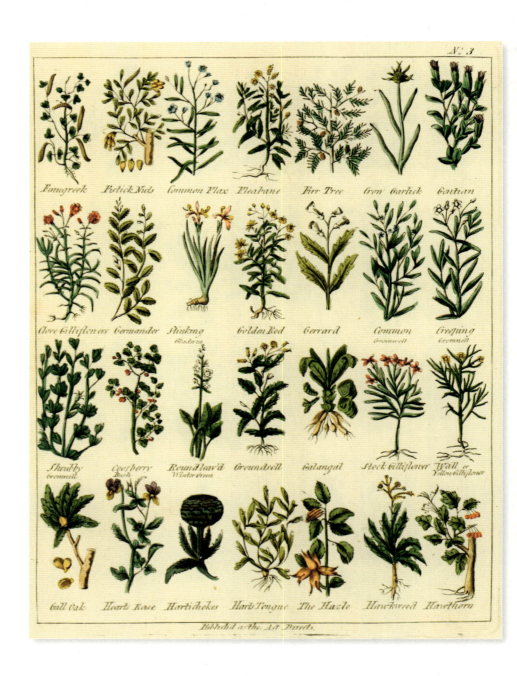

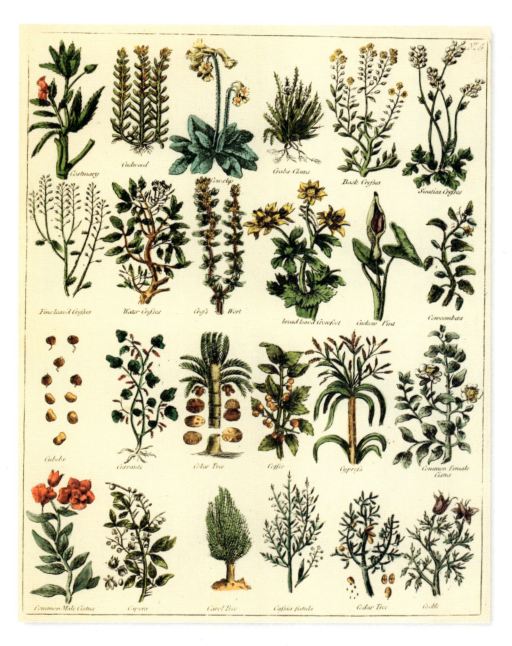

尼古拉斯·卡尔佩珀
《草药全书》，1789 年

这本书于 1652 年首次出版，这是 100 多年后的印刷版本，其中有丰富的植物插图，有助于人们在野外鉴别药用植物。

1653 年，该书再版时，书名改为了《草药全书》，这个书名更为人所熟知，也更贴切，这的确就是一本主要讲草药的药学指南。这本书有趣的一个原因是，尽管卡尔佩珀致力于将草药用于治疗，其中一些草药也的确能起到积极的效果，但卡尔佩珀仍处于一个尚未摆脱占星术等非科学的影响的历史时期，因此，这本书中除了包含有疗效的草药的民间知识，还有某些植物会影响特定行星的运行轨道的虚构观点。

优秀到人们两次提到他的名字

然而，此时医学只是缓慢地在向前迈进，这一时期最频繁取得突破的是物理学和宇宙学，让我们一起回顾这一时代最著名的一个人——伽利略·伽利雷。1564 年，伽利略在意大利比萨出生，他的父亲是一位音乐家，对乐器背后的科学原理很着迷，年轻的伽利略由此能够以分析的视角看待世界。

伽利略·伽利雷
《星际信使》，1610 年

两幅伽利略画的月球草图，展示了月球表面的明暗分界线。

伽利略·伽利雷
《星际信使》，1610 年

这是伽利略用新制成的望远
镜观测后绘制的昂宿星团，
展示了以前人们从未见过的
恒星。

斯特凡诺·德拉·贝拉
《伽利略作品集》卷首插图，
蚀刻画，1656 年

《伽利略作品集》的卷首插
图，描绘的是拿着望远镜的
伽利略。

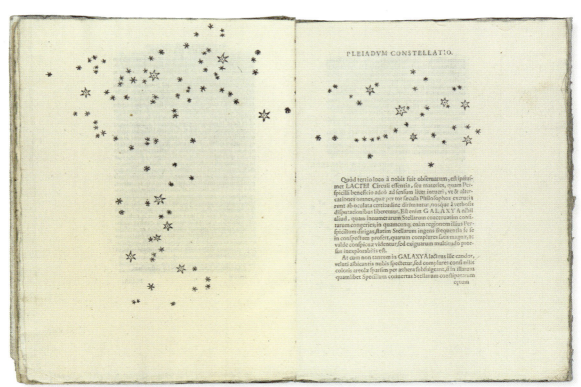

PLEIADVM CONSTELLATIO.

Quòd tertio loco à nobis fuit obseruarum, est ipsissi-
met LACTEI Circuli essentia, seu materies, quam Per-
spicilli beneficio adeò ad sensum licet intueri, ve & alter-
cationes omnes, quæ per tot sæcula Philosophos excrucia-
runt ab oculata certitudine dirimantur, nosque à verbosis
disputationibus liberemur. Est enim G A L A X Y A nihil
aliud, quàm innumerarum Stellarum coaceruatim consi-
tarum congeries; in quamcunq; enim regionem illius Per-
spicillum dirigas, statim Stellarum ingens frequentia se se
in conspectum profert, quarum complures satis magnæ, ac
valde conspicuæ videntur, sed exiguarum multitudo pror-
sus inexplorabilis est.
At cum non tantum in G A L A X Y A lacteus ille candor,
veluti albicantis nubis spectetur, sed complures consimilis
coloris areolæ sparsim per æthera subfulgeant, si in illarum
quamlibet Specillum coniuertas Stellarum constipatarum
cætum

伽利略的研究范围很广，从数学、物理到天文学。就性格而言，他有些投机取巧。例如，当伽利略听说有一位荷兰发明家要来意大利，在威尼斯展示他的望远镜时，伽利略就让一位朋友拦住这位发明家，以便有时间组装自己的望远镜，并带着它先抵达威尼斯。然而，伽利略无疑也是一位天才，是帮助科学观摆脱古希腊束缚的第一批自然哲学家之一。

伽利略写下了一些知名著作，其中一本接触到了广泛、非技术背景的读者——1610 年出版的《星际信使》（严格来说，它更像是一本小册子，而不是一本书），但这并不是他影响最大的一本书。虽然这本书的原书名"Sidereus Nuncius"更普遍地被人们译作"星际信使"（Sidereal Messenger），但也有人将其译作"星光信使"（Starry Messenger）。事实上，"星光"这一翻译也是可以的，因为"sidereal"最初就表示"像星星一样"（starlike），但随着时间推移，在对恒星移动（其实是地球旋转）测量一段时间后，"star"这个词变得更具天文学含义。《星际信使》是伽利略用望远镜进行早期天文观测的成果总结。人们常说伽利略是第一个将望远镜用于天文学研究的人，然而实际上他并不是。但毫无疑问的是，伽利略的观察成果具有重大意义，例如他发现了 4 颗最亮的木星卫星（伽利略希望能获得托斯卡纳法庭的许可，将其命名为美第奇卫星），以及他对月球的详细研究。

伽利略对月球的文字描述配有由他绘制的草图雕刻而成的美丽图像，展示了月球的表面。亚里士多德的世界观曾认为月球是完美无瑕、平整的，但实际上月球表面崎岖不平。伽利略得出的结论是，月球上有高山。伽利略之所以能看到高山，是因为他从望远镜观察到月球的明暗界线——不是一条直线，而是多波浪的，正如表面较高的部分投射阴影到阳光照射的部分。

伽利略在插图中使用的一种技术会遭到现代科学传播者的反对。在他绘制的一些月球草图中，明暗界线上有一个巨大的陨石坑，让这颗地球的卫星看起来有点像《星球大战》电影中的死星。这个巨大的陨石坑并不存在——人们认为伽利略放大了一个较小的陨石坑，以明确表示他观察到的事物——但如果不给它单独标记，这在技术上就具有误导性。《星际信使》这本小册子并没有被普遍接受。许多望远镜不如伽利略望远镜好的人认为，木星的卫星并不存在，那不过是伽利略镜片上的瑕疵。

《星际信使》中的一些内容与亚里士多德的宇宙观相对立，但给伽利略带来更大麻烦的是 1632 年出版的《关于托勒密和哥白尼两大世界体系

伽利略·伽利雷
《关于托勒密和哥白尼两大世界体系的对话》，1641 年

伽利略这本书于 1632 年首次出版，这是后来一版的卷首插图，图中是亚里士多德、托勒密和哥白尼。

的对话》，这本书也是他诸多著作中最出名的一本。正是这本书导致伽利略因异端罪而受审，随后被终身软禁。人们常常把伽利略描绘成一位殉道者，因为他在天主教会的反对下出版了这本书。在比较亚里士多德和哥白尼的天文体系时，伽利略塑造了一个亚里士多德的支持者，名叫"辛普利邱"（Simplicio），这一名字与意大利语中"头脑简单"（simple-minded）的意思相似。更糟糕的是，伽利略还加入了一个章节，用辛普利邱来传达教皇的意思——哥白尼的宇宙模型只是在数学上更精确，有助于计算，但并不反映现实。

我们需要知道，这本书的主要内容并不是伽利略的原创观点。相反，他是在为各个观点提供支撑的证据。遗憾的是，这本书唯一原创的部分——关于潮汐的章节——是错误的，且大错特错，因为书中提出的理论是一天只发生一次潮汐。尽管这本书是伽利略最著名的作品，但人们往往忽视了它最重要的一方面——就像明斯特尔的《世界地图》（见第70页）一样——它是用大众的语言（对伽利略来说，即意大利语）而不是拉丁语写成的。伽利略是最早一批意识到向更广泛的公众传播科学信息的重要性的科学作家之一，他用本国"不雅"的语言写下了他最重要的两本书。

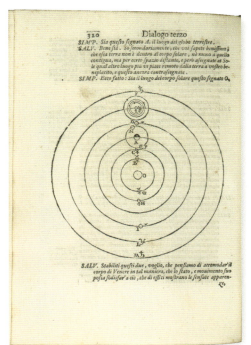

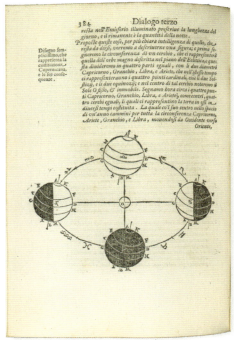

伽利略·伽利雷
《关于托勒密和哥白尼两大世界体系的对话》，1632 年

哥白尼的太阳系示意图，以及天体绕光源旋转时的阶段图。

伽利略最重要的一本书是在他被软禁后的 1638 年写成的，其独创性远超《关于托勒密和哥白尼两大世界体系的对话》。这本书就是《关于两门新科学的对话》。在这本书中，伽利略发表了他关于物理学的主要观点。他描述了摆的运动、物体在重力作用下如何加速且它们的速度不受质量影响、抛物线，等等。在这个过程中，未来的数学家也许会很高兴，因为伽利略也是最早一批考虑无穷大的数学含义的人之一。

在研究这本书的过程中，伽利略几乎肯定没有做的事情，就是像传说中那样从比萨斜塔上扔下不同重量的球。准确记录物体下落的时间是非常困难的，而且没有证据表明比萨斜塔的实验曾真实发生过。相反，他提出了一个巧妙的思想实验，将两个下落的物体绑在一起，这就推翻了亚里士多德的观点——更重的物体下落速度更快。伽利略还用实验结果支持了他关于重力影响的论点，实验中，他将不同质量的球滚下斜面，测量它们的加速度，这样比从高塔上扔下球更好控制。

这一次，他还是用意大利语写了这本书，不同于那个时期的许多科学著作，《关于两门新科学的对话》在今天仍具有极强的可读性。这本书显然

伽利略·伽利雷
《关于两门新科学的对话》，
1638 年

在伽利略被软禁后，伽利略的物理学杰作在荷兰出版，这本书无法在意大利出版。

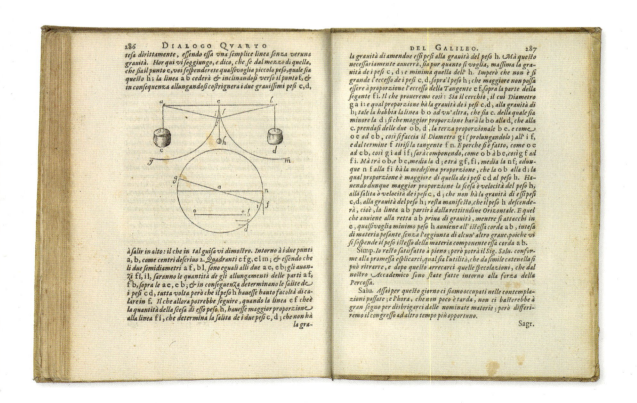

是面向大众读者的，尽管伽利略在导言中狡黠地表示，他从未打算出版这本书（由荷兰出版商发行）。根据伽利略的说法，他只打算把这本书稿寄给几个朋友看看，图书出版对他来说是一个巨大的惊喜。如果这是为了愚弄宗教裁判所，那伽利略显然低估了他们的能力——但这次出版并没有对他造成任何不良影响。

从几何到化学

从伽利略到这一时期另一个鼎鼎有名的科学家艾萨克·牛顿，法国哲学家勒内·笛卡儿在他们两人之间架起了一座桥梁。虽然人们对笛卡儿印象最深的是他的名言"我思故我在"，但笛卡儿还提出了一系列科学理论，并在数学方法上取得了重大突破。他最重要的一本书是 1637 年出版的《方法论》，那句名言"我思故我在"就出自这本书。笛卡儿写《方法论》的目的是试图为科学方法提供一种哲学基础，但这本书最重要的意义在于其附

勒内·笛卡儿
《方法论》，1637 年

笛卡儿《方法论》的附录，笛卡儿坐标将代数和几何联系起来。

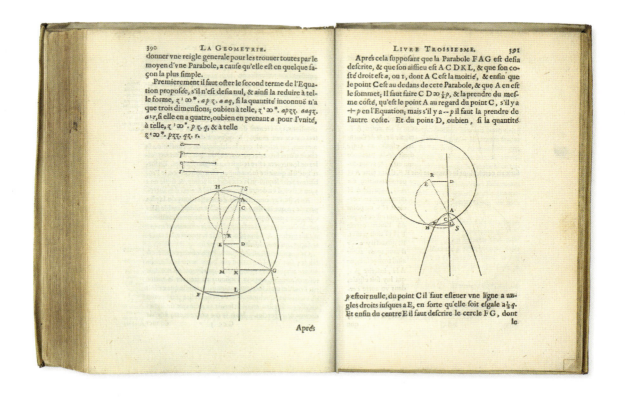

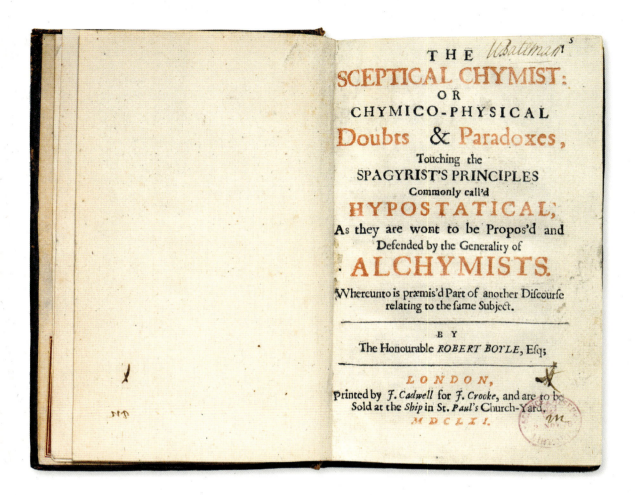

THE
SCEPTICAL CHYMIST:
OR
CHYMICO-PHYSICAL
Doubts & Paradoxes,
Touching the
SPAGYRIST'S PRINCIPLES
Commonly call'd
HYPOSTATICAL;
As they are wont to be Propos'd and
Defended by the Generality of
ALCHYMISTS.
Whereunto is præmis'd Part of another Discourse
relating to the same Subject.

BY
The Honourable ROBERT BOYLE, Esq;

LONDON,
Printed by J. Cadwell for J. Crooke, and are to be
Sold at the Ship in St. Paul's Church-Yard.
MDCLXI.

罗伯特·波义耳
《怀疑派化学家》，1661 年

这是波义耳的书第一版的标题页，从这本书开始，化学与炼金术分离，成为一个单独的学科。

录中的一页——实际上，这份附录本身也是书——笛卡儿在上面表明了用他的方法后的结果。

这份附录就是《几何学》。从书名上看，它很像是对欧几里得几何成果的重新研究，但它有更重要的意义：我们之所以将数学图表中的"x-y 坐标"称为"笛卡儿坐标"，就是因为《几何学》中的成果。（笛卡儿本人其实并没有使用 x 和 y，是后来的数学家为了阐明笛卡儿的作品才添加的。）在笛卡儿以前，几何和代数被视为完全独立的学科。笛卡儿在他的书中指出，几何曲线和形状可以用代数方程来表示，从而用更简单的代数变换来表示几何图形的改变。

笛卡儿的思想对牛顿产生了巨大的影响。但在我们关注牛顿的著作——科学史上的里程碑《自然哲学的数学原理》之前，我们需要先看看另一部作品，这部作品标志着一门新科学诞生，它就是罗伯特·波义耳的

《怀疑派化学家》。

　　1627 年，波义耳在爱尔兰利斯莫尔出生，他是英国科克伯爵的第 14 个孩子。显然，波义耳是一名贵族，但他在家族中地位很低，仍需以某种职业谋生。大多数情况下，贵族会去当兵或从事神职，但波义耳十几岁时的欧洲之行似乎激发了他对科学一生的热爱。和这一历史时期的大多数自然哲学家一样，波义耳的兴趣广泛。他在 1660 年出版了一本重要的书《关于空气的弹性及其效果的物理力学新实验》，书中介绍了波义耳的气体定律。不过，他的气体研究成果不如他在化学方面带来的变革那么有独创性。仅一年后，他就出版了《怀疑派化学家》。

　　现今，炼金术与化学之间有着清晰的界限。炼金术不仅仅指将铅等金属转化为黄金这样的贵金属，它还指以精神和物质的方式混合各种物质产生化学反应，以期炼成如长生不老药或贤者之石等物质。而化学是研究元素间相互作用的科学。然而，在波义耳所生活的时代，两者间还没有明晰的区别。

　　波义耳采用的方法虽然不能被认为是百分之百化学的，但他在很大程

彼得·莱利学院
罗伯特·波义耳的肖像，油画，1689 年左右

波义耳的肖像（画家可能是约翰内斯·克塞布姆）和一幅 17 世纪由亨德里克·海尔肖普所作的画，画中一位炼金术士遇到了技术问题。

度上推动了炼金术朝化学方向发展。他是一名炼金术士，也是一名化学家。他也尝试过转化金属，然而，他用的方法远比传统炼金术更符合现代科学的精神。在《怀疑派化学家》一书中，他认为化学是一项将不同物质组合在一起，形成混合物或化合物的研究。

在这本书中，波义耳提出了一个看起来相当现代的假设：物质由原子组成。如我们所知，自亚里士多德（见第 17 页）以来，"原子论"这一概念基本上就再不受欢迎了。而波义耳认为，原子连接在一起形成了化合物，且不断运动相互碰撞导致了化学反应。这个想法很有先见之明，尽管此时波义耳的世界观并不完备。因为受到当时设备和理论的限制，他的写作更多源于推测，而不是详细的实验分析结果。例如，他认为所有物质都是由化合物构成，而不是纯元素。然而，与同时代的许多人相比，他的方法更倾向于实验。

科学创新

当波义耳设想物质的最小形式是原子时，同一时期的罗伯特·胡克在他的著作《显微图谱》中揭示了用显微镜观察到的"隐形的"微观世界，并将其放大绘制出来。胡克的做法把一项名副其实的科学发现变得更具娱乐性。

1635 年，胡克在英国怀特岛出生，他是一位了不起的科学家，尽管人们记得更多的是他作为英国皇家学会的实验负责人与牛顿之间的骂战。胡克还从事天文工作、进行物理实验——由此诞生了胡克定律，描述了弹簧的弹性——并在 1666 年伦敦大火后作为主要参与者开展重建工作，担任市政工程的勘测员和检验官。同时，作为一名作家，《显微图谱》是胡克最杰出的作品。

这本书在 1665 年出版，全名很长，叫作《显微图谱：在探究下对显微镜观察到的微小物体的一些生理描绘》，它以现在可能被称为"精装画册"的形式，首次向大众展示了显微镜下的画面。这本书本来已经很大了，但仍有一些插图大到需被折叠起来，读者在打开这些巨大的插页时，往往都会对胡克所画的虱子、跳蚤、苍蝇等精美插图的巨幅呈现感到震惊。

《显微图谱》并不只是本图画书，里面也有翔实的文字描述。胡克写这本书时，他的科学兴趣范围再次扩大，从光的性质到化石的起源，无所不包。然而，这本书迷住读者的一定还是里面胡克所作、铜板印刷的大型画。英国作家塞缪尔·佩皮斯曾评价《显微图谱》是"我一生中读过的最新颖巧妙的书"。

胡克还观察了一块软木的横截面，这种在肉眼下看起来显然连续的材料，在显微镜下显示出由许多小室状的结构组成。于是，胡克首次给这样的小室命名为"细胞"（cell），他还将由壁隔开的各个小室比作蜂巢。而在胡克命名前，修道士住的房间就叫作"cell"，他们的房间通常排成一列且空间等大。

胡克并不是唯一一个用科学创新满足公众想象的人。1602 年，奥托·冯·格里克出生于德国马德堡，这位科学家将做出让世界为之震惊的科学演示。这一演示也出现在他 1672 年出版的《新实验》中，这本书中还包括对真空性质的广泛观察（此外还有对静电的研究）。

现在，我们都倾向于认为，比如太空，就很接近真空。但亚里士多德曾宣称，大自然厌恶虚空或真空，直到 17 世纪，人们一直认为真空根本不可能存在。冯·格里克用早期的空气泵就真空进行了大量实验，但让他成

奥托·冯·格里克
《新实验》，1672 年

出自冯·格里克书中关于马德堡半球实验的插图，在两个半球之间的空气被排出后，两组马队试图将它们分开。

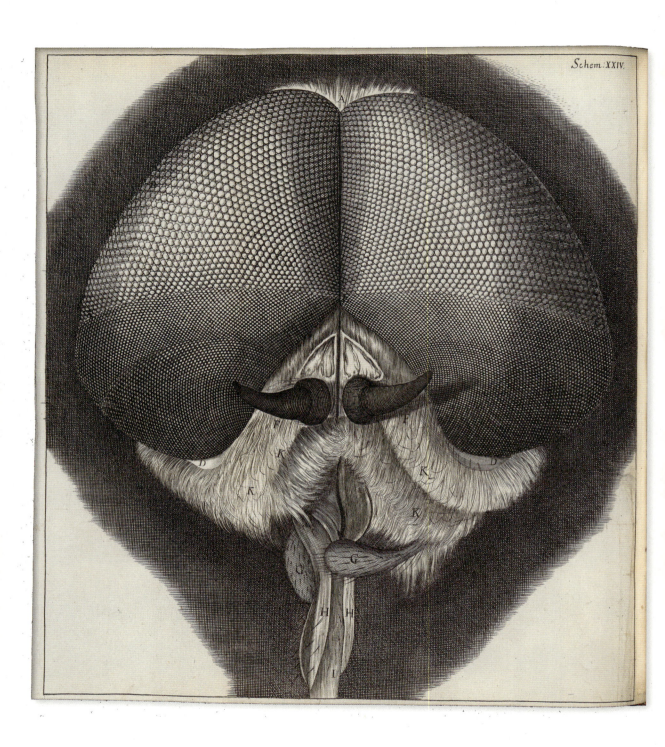

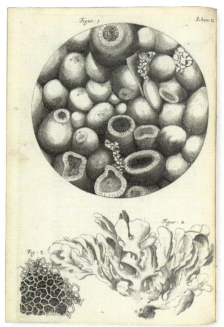

罗伯特·胡克
《显微图谱》，1665 年

胡克书中一些精细的插图，包括灰色蜂蝇的眼睛和头部（对页图）、海洋植物（左上图）、软木（右上图）、一只蚂蚁（左下图）和一只蓝色的苍蝇（右下图）。

名的是《新实验》中的马德堡半球实验。马德堡半球是一对直径约 50 厘米的铜半球。1654 年，冯·格里克精心安排了一场演示，先尽可能地排除两个半球间的空气。由于球外面的空气压强太大，里面又形成了真空，以至两组各 15 匹马，反向拉半球，也无法将它们分开。

冯·格里克和胡克都明白，如果一项科学成果要吸引公众的注意力，就不能只是简单地描述理论本身。

地心引力

艾萨克·牛顿的《自然哲学的数学原理》是有史以来最有影响力的科学著作之一，人们通常将其简称为《原理》。胡克的名字曾多次出现在《原理》的初稿中。牛顿与胡克的关系本来就不好，随着时间推移，两人的关系日益恶化，于是在这本书正式出版前，牛顿去掉了书中胡克的名字。

艾萨克·牛顿于 1643 年或 1642 年在英格兰东部林肯郡的伍尔索普村出生（具体哪一年取决于参照的历法）。1752 年，英国开始采用公历，在这之前的一段时间，特别是接近一年之交的日期比较混乱。按照当时使用的儒略历法，牛顿出生于 1642 年的圣诞节；但按照现代公历，这是 1643 年 1 月 4 日。他的死亡日期更令人困惑：按照现代公历，这一天是 1727 年 3 月 31 日，但按当时的儒略历法是 1726 年 3 月 20 日，因为当时 3 月 25 日是划分上一年和新一年的日子。

牛顿对科学的三大贡献是他对光和颜色的研究（例如，他确立了白光由彩虹的颜色混合在一起形成）、引力和运动，以及发展了现在被称为微积分的数学方法，当时被称为流数术。比起自然哲学家，牛顿更倾向认为自己是数学家（尽管他花在炼金术和神学上的时间比自然哲学和数学都多），但他关于光、引力和运动的理论让他对物理学的贡献只有爱因斯坦才能与之匹敌。

牛顿最早的研究是关于光和颜色，他用棱镜、透镜以及自己的眼睛做了一系列实验——但他从来都不是一个急于发布自己研究成果的人，他的《光学：或论光的反射、折射、拐点和颜色》直到 1704 年才出版，此时研究已经完成几十年了。《光学》是用英语写的，追随了由伽利略兴起的使用

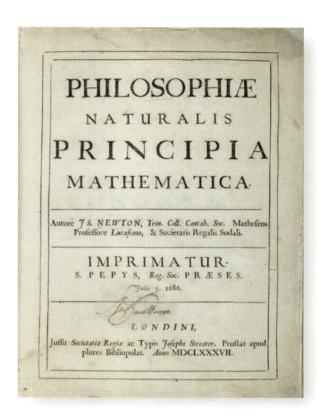

通俗语言的趋势。但牛顿在 1687 年出版的杰作并非如此。《原理》不仅用拉丁文写成，且似乎有意写得极其晦涩难懂。

这本书分为 3 卷，牛顿本打算将第三卷写得让大众更易读懂——但由于与其他英国皇家学会的成员发生争执，没能实现，第三卷和前两卷一样，非科学家难以理解。《原理》给我们带来了许多新的科学认识，从质量的概念、运动三定律到牛顿的万有引力定律（尽管它从未以现代方程式的形式展示）。牛顿的科学成果中最具启发性的一面是，他将人在地球表面上体验到的引力与让地球在轨道上绕太阳运行、月球绕地球运行的力统一了起来。

为了实现这一壮举，牛顿广泛运用了一种新的数学方法——流数术。但此举可能让《原理》中的内容更加难以理解了，因为当时更多的书都在用传统的几何论证。在计算引力的作用时，牛顿在书的主体部分坚持客观地描述发生的现象，而不去假设现象发生的原因。为了强调这一点，他在《原理》中写下了一句名言——"我不做假设"（Hypotheses non fingo）。有人指出，"fingo"一词有负面含义，似乎暗示牛顿认为他的对手试图解释引

艾萨克·牛顿

《自然哲学的数学原理》，
1687 年

内页展示了牛顿的几何方法，尽管他是用微积分推导出的定律。

下图，命题 XXXIV 研究了月球轨道每小时倾斜角度的变化。

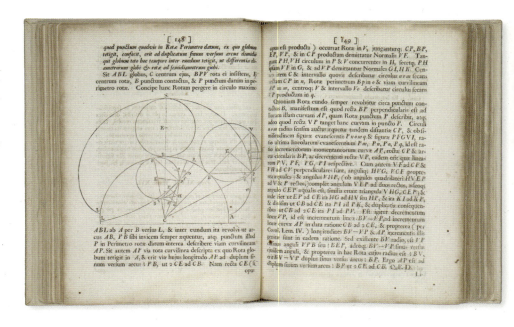

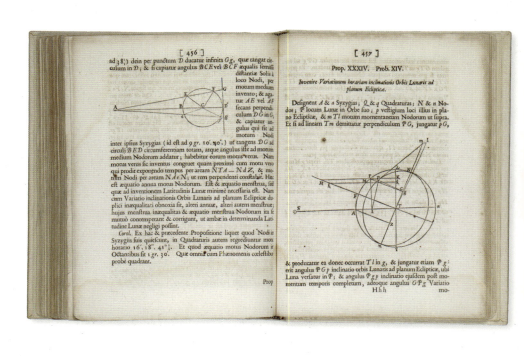

约翰·夸特立
英国皇家学会在克兰街的会面，版画，1878

这幅版画描绘了 18 世纪早期英国皇家学会在伦敦克兰街开会的场景，坐在椅子上的是牛顿，会议由他主持。

力如何产生的行为只是在捏造事实。

牛顿认为，引力在一定距离内起作用，其作用力取决于两个物体的质量，和两者间距离的平方成反比。而对于一个事物如何在远处影响另一个事物，牛顿声称他不关心——但事实上他的确有一个这样的理论。这种遥远、奇特的力遭到牛顿同时期的一些人，比如荷兰自然哲学家克里斯蒂安·惠更斯的无情抨击，他称这种远距离的作用是"超自然的"，既难以看见也无法解释。

然而，牛顿提出的数学方法流数术很有效，此外，《原理》这本书还开辟了一个重要的物理学领域，且成为这个领域的科学家必读之作。18 世纪法国数学家兼物理学家夏特莱侯爵夫人完成了《原理》的法文翻译并写下了自己的评注，译本在她去世后的 1759 年出版（见第 xii 页）。

自然，分类系统

尽管《原理》是一部以文本为主体的作品，但其中也包含了许多示意图。和物理学相比，我们倾向认为，博物学更能从视觉上直观展现科学。但有争议的是，博物学第一本真正意义上的科学书却纯粹只有文字。它就

马丁·霍夫曼
卡尔·林奈，油画，18 世纪

卡尔·林奈身穿拉普服饰的肖像。

是瑞典博物学家卡尔·冯·林奈在 1735 年首次出版的《自然系统》。林奈的拉丁文名"林奈乌斯"（Linnaeus）可能更为人们所知，1707 年，他在瑞典罗斯胡尔特镇出生。在某种程度上，林奈乌斯这种拉丁语化的名字是一种过去的遗留。《自然系统》是最后一批用拉丁语写成的重要科学著作，这本书的主要特征是用拉丁语化的两部分名称来命名物种（比如我们熟悉的智人 "*Homo sapiens*"）——这就是双名法。

《自然系统》一书共有 12 个版本（林奈去世后，额外还有一个版本），最初只涉及一小部分动植物，后来数量不断增加，结构也更完善，直到第 10 版，它的全名为"三种自然系统：根据类、目、属、种，以及特征、差异、同义词和位置"，林奈的双名法由属名和种加词两个部分构成，适用于各种动物和植物。这本书的长标题也让人感受到它的重要性，它不仅推广了由两部分组成的拉丁物种名称（这种名称早已存在，但并不常用），还为自然"王国"提供了一个完整的等级结构（分类学），其中林奈将自然分为动物、植物和（现在我们也许会感到奇怪的）矿物三界。

卡尔·林奈
《自然系统》，1735 年

第一版的标题页，以及林奈书中的分类图。

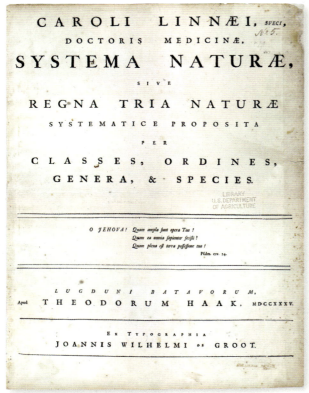

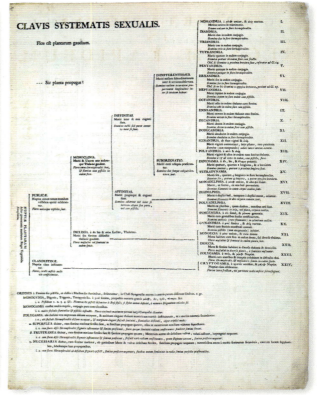

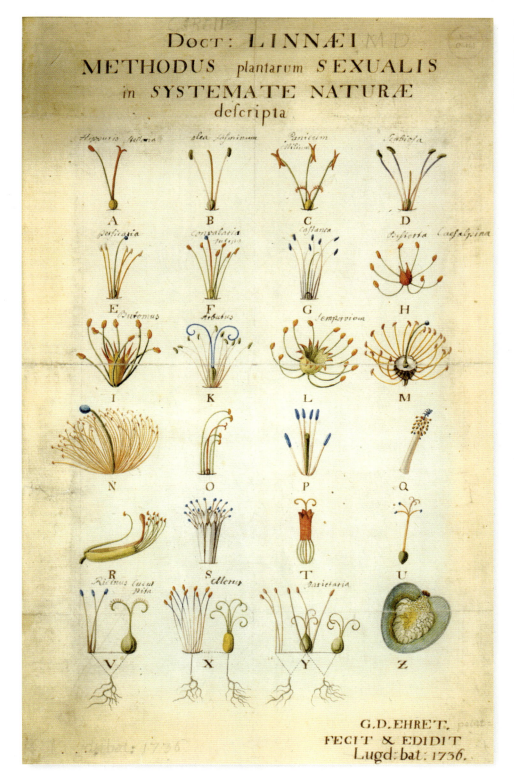

乔治·埃雷特·狄奥尼修斯《自然系统》中对植物的性别分类，水彩画，1736 年

为林奈的一份植物目录所作的水彩艺术品，展示了植物的性别分类系统。

卡尔·林奈

《自然系统》，1773 年

鸟类插图，出自《自然系统》
德文译本的第 12 版。这是林
奈《自然系统》的最后一版。

Tab. XXVII.

Fig. 2.

Fig. 3.

Fig. 5.

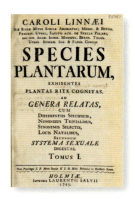

卡尔·林奈
《植物种志》，1753 年
————————
林奈《植物种志》第一版的
标题页。

林奈采用的基本方法沿用至今，但他的分类法随着时间推移发生了变化；比如，我们现在有了比"界"更大的分类单位，即"域"，域分为古细菌域、真细菌域和真核生物域，而多细胞真核生物就分为动物界、植物界、真菌界等。诚然，林奈的方法并不是唯一的分类法——他自上而下的结构现在面临着支序系统学的竞争。支序系统学采用自下而上的方法，以共同祖先为基础形成群体，它在 20 世纪初左右诞生，直到我们有能力进行 DNA 比较，这种方法才真正发展起来。

林奈那个时期还没有这样的技术，所以他只能根据视觉上的相似性对动物和植物进行分类，这就不可避免地会产生重大错误，尤其是对植物的分类。林奈根据雄蕊（产生花粉的部位）的数量分类植物，但事实证明，这种分类对构建物种来说没有任何意义。然而，他对大约 10 000 个物种所作的表和结构细节成为现代动植物研究的起点。

《自然系统》无疑是林奈的代表作，此外，他还创作了许多其他著作，尤其是在植物学方面。1737 年，林奈还是学生时，就写下了《拉普兰植物志》，在这本书中他第一次使用了自己的名字和分类结构。1753 年，林奈又出版了《植物种志》，这是他最全面的植物种类目录著作。

现代化学出现

如果说林奈为博物学带来了秩序，那么法国化学家安托万·拉瓦锡在化学领域也发挥了同样的作用。罗伯特·波义耳的成果处于炼金术和化学之间，而拉瓦锡可以说是第一位真正的现代化学家。这位贵族于 1743 年在法国巴黎出生，在法国大革命期间死于断头台。他在 1789 年出版的著作《化学基本论述》为我们现在所知的化学奠定了基础。

这本书的一大重要成就是摆脱了燃素论，燃素论在逻辑上看似合理，但不巧它是错误的。根据这一理论，易燃物体中含有一种叫作燃素的物质，物体燃烧后，这种物质就耗尽了。我们现在所知的氧气，最初由拉瓦锡命名为"脱燃素气体"，意味着它能吸收易燃物质中的燃素，使其燃烧。

虽然此前英国自然哲学家约瑟夫·普里斯特利指出了氧气的存在和作用，但仍是从与燃素相关的观点出发的。拉瓦锡颠覆了这一观点，他认为

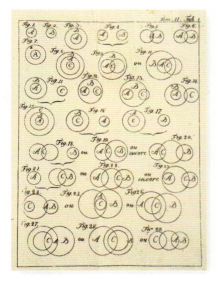 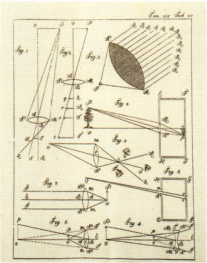 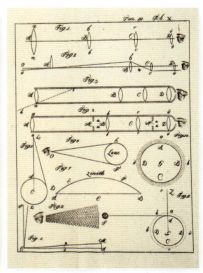

氧是一种元素，在燃烧过程中与其他元素结合在了一起。拉瓦锡在《化学基本论述》这本书中，结合他自己和一些同时期的人的观点，给许多元素命了名，还以更定量的化学方法做出探索，得到了首个近似现代化学反应方程式的式子。

此时化学仍处于早期阶段，因此不可避免会出现一些错误。在拉瓦锡确定的 33 种元素中（目前地球上共发现 94 种自然元素），有 23 种是正确的——尽管它们的名字并不总和我们现在熟悉的一样。例如，氮那时叫作 "azote"，意思近似 "无生命"，因为它的确不能维持生物的生命。氧当时的字面意思是 "酸化"，因为它被错误认作是酸的重要组成部分，而同样由拉瓦锡命名的氢，当时的字面意思是 "制水"。在拉瓦锡确定的元素列表中，错误的有光、热（一种假想的携带热量的流体）和一些化合物，如石灰（氧化钙）。

有一本在 18 世纪出版的科学书，当时并没有产生广泛的影响力，但现在人们对它非常感兴趣，因为这本书认识到了女性对科学的兴趣。一本专门为女性而写的科学书似乎有些居高临下的傲慢，但在这之前，甚至不太可能有作家想到这么做，因为人们普遍认为读者都是男性。这本书就是于 1768 年出版的《致一位德国公主的信：关于物理和自然哲学的各种问题》。这位公主是普鲁士国王的侄女之一，弗里德里克·夏洛特。这本书汇集了 1707 年在瑞士巴塞尔出生的数学家莱昂哈德·欧拉写给公主的一系列书信。

莱昂哈德·欧拉
《致一位德国公主的信》，
1775 年

依据欧拉写给弗里德里克·夏洛特公主的信绘制的许多的图表，涵盖了欧拉早期科普书中的主题。

安托万·拉瓦锡
《化学基本论述》，1789 年

这幅插图展示了当时的化学
实验室设备，出自拉瓦锡重
要的化学著作。

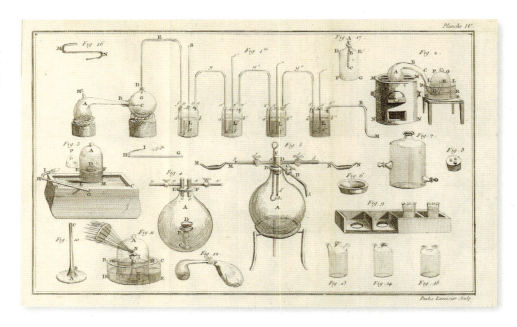

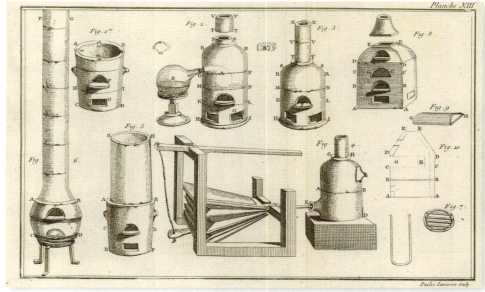

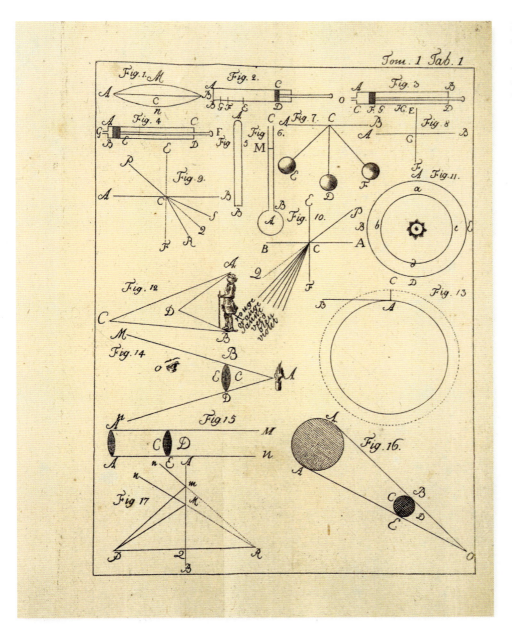

莱昂哈德·欧拉

《致一位德国公主的信》,
1775 年

这幅插图涵盖了从光学到日食的广泛主题,这本书于1768 年首次出版,图中是首次出版 7 年后的版本。

实际上，《致一位德国公主的信：关于物理和自然哲学的各种问题》是对当时最新科学思想的通俗概括。1795 年，一名叫亨利·亨特的人将其翻译成英语，这本书的译本由此畅销。

在译本的序言中，亨特的语气不可避免仍有居高临下的优越感，但序言中的文字展示了时代观点的变化："女性的思维提升，对世界来说非常重要！在我有生之年，看到女性教育变得更自由，范围更扩大，我深感欣喜。我的年纪已经有些大了，记得以前见到出身高贵的年轻女性，即使是北方的，都能若无其事地拼写出她们自己的语言，而一些人却无法得体地阅读……现在，她们都被视为理性存在者，社会因此已经变得更好了。"

然而，就当时而言，这样的书以及准备好面对潜在污名（因进入普遍认为是属于男性的世界）的女性，寥寥无几。直到 19 世纪末，两性平等才取得重大进展。

富有诗意的博物学家

时间来到了 18 世纪末，一个熟悉的家族姓氏出现了，下一章我们还将再次提到这个姓氏，它就是"达尔文"。而此时，我们讨论的是世界知名科学家查尔斯·达尔文的祖父——伊拉斯谟斯·达尔文，他于 1731 年在英国诺丁汉郡的埃尔斯顿出生。伊拉斯谟斯·达尔文是一位医生，但他对自然哲学的兴趣远高于医学，作为伯明翰月光社的成员（之所以称为月光社，是因为他们在满月时聚会，以便在回家时更容易看清路），他是自然哲学家及英国中部地区工业巨头精英团体中的一员，马修·博尔顿、约瑟夫·普里斯特利和乔赛亚·韦奇伍德也是这个团体的成员。

就纯粹的科学重要性而言，伊拉斯谟斯·达尔文最重要的著作是 1794年出版的《动物学》。该书主要是一本医学和解剖学著作，但它现在吸引人关注的地方在于它所包含的早期进化论思想。伊拉斯谟斯·达尔文认为，哺乳动物和其他恒温动物可能有一个共同的祖先，是一种简单有机体，他将其称之为"细丝"。伊拉斯谟斯·达尔文还预示了拉马克的观点，即动物会因环境改变而逐渐产生结构上的变化，并遗传给后代（见第 146—148 页）。

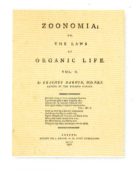

伊拉斯谟斯·达尔文
《动物学》，1796 年

《动物学》的标题页，首次出版两年后的版本。

伊拉斯谟斯·达尔文
伊拉斯谟斯·达尔文的诗集，1806 年

这是《植物之爱》中的彩色插图，出自伊拉斯谟斯·达尔文 1806 年的诗集。这首诗在 1789 年首次出版，是《植物园》中的第二首。

　　然而，伊拉斯谟斯·达尔文的另一部比《动物学》早出版三年的作品——《植物园》，拥有更广的读者。《植物园》由两首诗组成，写成诗的形式就是为了让当时的读者更易理解并接受其中的科学思想。第一首诗叫《植物经济》，尽管标题如此，但这首诗大量描写了当时的采矿业和发明家，甚至借机谴责奴隶贸易，支持法国和美国革命。第二首诗叫《植物之爱》，描绘了一幅更广阔的科学图景，从宇宙诞生到植物学的精髓（包括植物的有性生殖，当时谈论这个话题是相当有风险的），同时还包含了一些对进化论的暗示。

马尔萨斯的灰暗预测

　　1766 年，英国教士托马斯·马尔萨斯在韦斯科特村出生，他的《人口原理》于 1798 年出版。现在，《人口原理》有时出现或被归类在"未来学"

中，这类书的影响力非常大，尽管它们通常预测得很不正确。

《人口原理》最初是匿名出版的，它基于人口和粮食生产之间增长率的差距，预测了一个极其可怕的人类未来。这本书有限的科学内容在于计算增长率时用到的数学方法，以及马尔萨斯对人口变化会怎样影响工资和通货膨胀的经济评估。马尔萨斯提出的观点是，人口将每25年翻一番，而粮食生产率在每一时期只会上升几个百分点，这意味着人口将急剧上升，远超人们的粮食生产能力，饥荒将随之而来。

这本书最大的影响可以说是强调了人口数据，英国由此开始推行十年一次的人口普查（同时影响了其他一些国家）。在书中的经济部分，马尔萨斯指出，人口增长也会导致劳动力太易得，由此造成工资下降。除了饥荒，人口过剩还将进一步加剧贫穷。

我们应该庆幸马尔萨斯厄运般的预言并没有成真，而这主要是由于科学和技术的发展。马尔萨斯忽视了科技在改变粮食生产、扩大就业市场和实行节育方面能够造成的影响。尽管马尔萨斯的理论有缺陷，但他的《人口原理》仍然很重要。这本书是最早一批面向大众读者用到统计数字的科学书之一，也是最早尝试将科学引入人类行为这一应用领域的书之一。19世纪初，科学技术改变了人们的日常生活，也带来了新的希望。像所有历史上的转变期一样，困难也同时存在，最初马尔萨斯的预测似乎会成真。但在"科学家"一词首次出现的世纪，最好的时候还未到来。

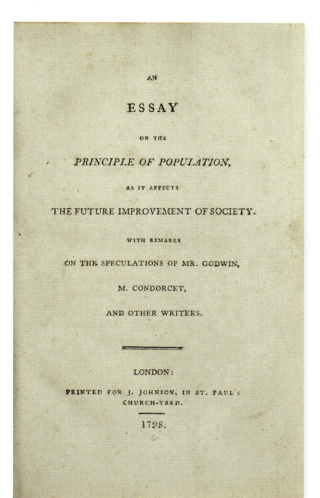

托马斯·马尔萨斯
《人口原理》，1798 年

左为马尔萨斯的书的标题
页，右为乔治·克鲁克香克
绘于 1851 年的版画，展示
了马尔萨斯预言成真时，想
象中英国伦敦的画面。

现代古典时期

科学书籍稳定发展

到了 19 世纪，科学在人类世界扮演的角色越来越重要，越来越多人期待看到更多科学书籍的出版。1834 年，"科学家"这个词被创造出来，并且科学家这个词已经可以与艺术家、经济学家和无神论者等词相提并论了。在这之前，"自然哲学家"通常都是富有的哲学爱好者或者一些传统的哲学家，从事科学仅仅只是他们的业余爱好。

然而，科学家的职业发展必然是一个渐进的过程。1813 年，英国物理学家迈克尔·法拉第进入伦敦皇家科学院，成为英国化学家汉弗莱·戴维的助手，而最终法拉第成为该组织的领导者。尽管一开始，法拉第和戴维之间的地位非常不平等，甚至可以说，法拉第更像是戴维的仆人。而且在法拉第陪同戴维去欧洲出差时，戴维也提出希望法拉第能成为他的贴身男仆。

随后不久，专业科学家和业余自然哲学家组成了科研第二梯队（第二梯队的本意是指在战斗队形中配置在第一梯队后面的队伍），这支队伍有点类似 19 世纪和 20 世纪早期的板球队：大部分队员是业余的，只有少数职业球员能在比赛中起到作用。在这一时期，有许多科学书籍出版了，然而这些书籍大部分并不是专业科学家写的，而是那些业余自然哲学家写的。

原子先生

尽管业余爱好者出版了许多科学书籍，但 19 世纪最重要的科学书籍之一仍然是由一位专业科学家写的。英国化学家约翰·道尔顿和法拉第一样，没有接受过专门的大学教育，但通过自己的努力成了一名科学家。道尔顿于 1766 年出生于英国北部坎伯兰郡，他出身贫困，没有钱接受教育。然而就算他很富有，也无法在英国上大学，因为当时英国的大学仅对信仰英国国教的学生开放，而道尔顿信仰的是贵格会。

道尔顿的收入主要来自教书，而不是科学研究。但实际上，科学工作才是他的主要工作，教书仅仅是他维持生计的一种手段。和当时大多数科学家一样，道尔顿的兴趣爱好也很广泛——从气象学，到研究色盲的成因（因为道尔顿本人就是色盲，所以历史上有一段时间将色盲症称为道尔顿症）。然而，他并没有在这些方面取得科学进展。直到 1802 年，道尔顿发表了一系列关于原子理论的论文，这才一夜成名。

威廉·亨利·沃辛顿
曼彻斯特的约翰·道尔顿，版画，约 1823 年

约翰·道尔顿的肖像画。

奥古斯都·普金和托马斯·罗
兰森

**皇家学会图书馆，凹版蚀刻
画，1809 年**

位于英国伦敦阿尔伯马尔街
的皇家学会图书馆。

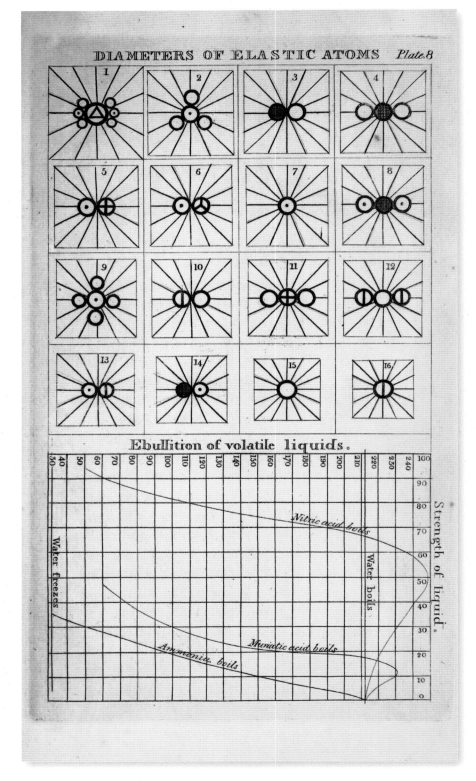

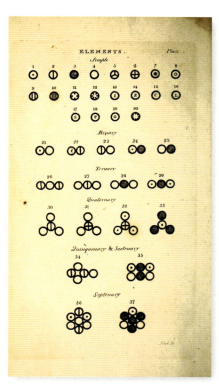

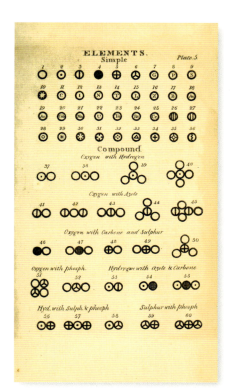

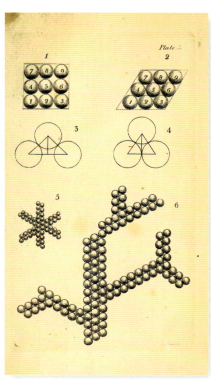

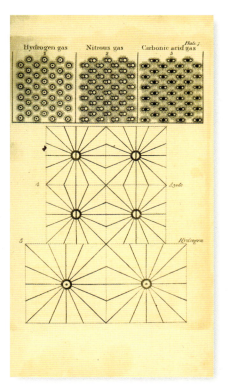

约翰·道尔顿
**《化学哲学新体系》，第二册
（共 2 册），1810 年**

这些是《化学哲学新体系》
第二册中的插图，展示了他
设计的元素符号、一些分
子结构和他对结晶固体的
想法。

道尔顿为自己关于原子和原子量的讲座而绘制的图表，展示了他赋予原子的相对重量和元素符号。

当时，原子仍然是一个具有争议性的话题，直到 20 世纪爱因斯坦发表了一篇论文，为原子的存在提供了强有力的证据，道尔顿的论文才被人们慢慢接受。一些科学家认为原子是真实存在的；还有一些人（可能是绝大多数人）认为原子并不是客观存在的实体，只是一种实用的叙述技巧；还有少数人觉得原子理论根本就是无稽之谈。不过，道尔顿坚信他的原子理论，还提出了一个物质本质的模型。这个模型通过运用法国化学家拉瓦锡的化学理论，旨在证明原子和由原子组成的化合物的存在。

通常来说，用一种新的方式来重新看待已知的东西会让人有新的认识和见解。正是道尔顿重新理解"不同元素的原子有不同的质量"后，才重新认识了原子。

因为原子的实际质量很小，如一个氢原子的实际质量为 1.674×10^{-27} 千克。所以为了方便计算和记录，道尔顿将碳原子实际质量的 1/12 设定为一个标准（1），那么某种原子的质量就是这种原子的实际质量除以碳原子实际质量的 1/12 得到的结果，也叫作该原子的相对原子质量，如氢原子的相对原子质量为 1，碳原子的相对原子质量为 12。

按照这套理论，当两种元素结合形成化合物时，两种元素的原子质量比一定是简单的整数比。1802 年，道尔顿的《化学哲学新体系》出版，他还在发表的论文中不断传播且拓展了他的原子理论，并创建了元素表，把每一种元素都用一个独特的符号来表示。

但在那个年代，由于实验仪器不标准，道尔顿计算出的许多原子的质量都是不准确的。此外，从他最初的理论"所有原子的质量都是氢原子质量的倍数"开始，就注定他的理论是有局限性的。而且在计算其他原子的质量和氢原子质量的比值时，道尔顿总是用到"接近"一类的词汇，这说明他也不敢说这些比值是百分百精确的。而且他确信原子全是球体，只不过大小不同，这与所有原子都是由类似氢原子构成的"积木"这一想法不一致。

同拉瓦锡一样，道尔顿也不知道元素与化合物的区别，比如石灰是化合物，而不是元素。他还将分子中的原子数算错了，例如，道尔顿认为，一个水分子是由一个氢原子和一个氧原子构成的。而现在我们都知道，一个水分子是由两个氢原子和一个氧原子构成的。道尔顿之所以这么认为，是因为他没有意识到氧气是双原子分子。

除此之外，道尔顿还拒绝接受更简单的元素符号（也就是人类今天所使用的元素符号），这些符号是由瑞典化学家永斯·雅各布·贝尔塞柳斯提出的。1808 年，贝尔塞柳斯出版了自己的著作《化学教科书》，而在出版这本书之前，他已经在使用更为简单的元素符号了。与此同时，道尔顿仍然坚持使用自己那套华丽但难以记住的符号。

但不管怎么说，道尔顿也是化学领域的先驱之一，毕竟没有哪个人可以用完美来形容。况且他还没有接受过大学教育，也没有多余的钱购买高质量的仪器。在道尔顿生活的那个年代，许多元素都是相对较晚被发现的，例如氧和氮。出于这些原因，道尔顿所做的研究具有局限性也是情有可原的。但不可否认的是，道尔顿出版的科学书籍的确给化学世界带来了一种新颖的、更为缜密的研究方法。

终极观鸟者

最初，像道尔顿这样的非专业科学家出版的书主要吸引的是自然哲学家。直至19世纪，社会上出现了更多的科学书，这些书不仅能吸引科学家，甚至能吸引对科学感兴趣的普通读者。就这样，科学书有了更广泛的读者。一个典型的例子就是美国博物学家、画家詹姆斯·奥杜邦出版的《美洲鸟类》。这本书一经问世就引起了很大的轰动，书中精美的图画对读者有很强的视觉吸引力。在英国科学家罗伯特·胡克的著作《显微图谱》出版后，《美洲鸟类》是唯一能与之媲美的书。

有趣的是，奥杜邦出生于海地，本来的国籍是法国，后来获得了美国公民的身份（尽管他是非法移民），而《美洲鸟类》这本书又是在英国出版的，并且受到了许多英国读者的喜爱。这本书于1827年出版，书中有435幅版画，每一幅都由奥杜邦手工上色。每一幅版画长99厘米、宽66厘米，上面绘有各种各样令人惊叹的鸟类。1803年，奥杜邦第一次抵达美国，随后不久，他就对美洲的各种鸟类产生了兴趣。他不仅观察这些鸟类，还为它们作画。奥杜邦甚至还学会了标本剥制术，并建立了一座自然博物馆。博物馆里不仅有鸟类，还有许多其他美洲本土的动物。奥杜邦的本职工作是一名商人，但后来博物学占据了他越来越多的时间。

与当时许多从事科学研究的人不同，奥杜邦并不富有。1819年，奥杜邦经营的工厂全部倒闭，而他也破产了，由于还不起债务，他被送进债务人监狱。1820年，奥杜邦出狱。出狱后，他继续画鸟，计划是画遍北美洲所有鸟类。1824年，奥杜邦来到美国费城，这时他手上已经有300多幅画作了，他希望用这些画出书，但找不到出版商与他合作。

朋友告诉他，也许英国会有更适合他的出版商。于是，奥杜邦听从朋友的建议去了英国。果然，这里的确有许多人欣赏奥杜邦的画作，甚至还有人愿意出资帮助他出版书。和今天的书不一样，《美洲鸟类》每5页版画装在一个锡盒里。但和当时大多数书一样，每一页都由订阅者自己装订，再加上一个与之相匹配的封面。这本书的印刷成本相当高，即使在当时，购买全套版画（435幅）也要花费将近1000美元（相当于今天的2.6万美元）。2010年，一套完整的《美洲鸟类》在拍卖会上以1030万美元的价格成交。之所以拍得这么高的价格，是因为当时99厘米×66厘米版本的发

约翰·詹姆斯·奥杜邦
《美洲鸟类》，1827 年

第 53 张版画是手工着色的"双象"对开本（67.8 厘米 × 101.6 厘米）凹版蚀刻画，展示了小罗伯特·哈弗尔雕刻的鸫，他和父亲罗伯特·哈弗尔一起印刷了这本书。

约翰·詹姆斯·奥杜邦
《美洲鸟类》，1827 年

第 217 和第 386 张版画也是
手工着色的"双象"对开本
（67.8 厘米 ×101.6 厘米）凹
版蚀刻画，分别展示了一只
路易斯安那鹭和一只白鹭。

行量较少，市面上流通的更多是 25.3 厘米 ×15.8 厘米的"迷你版"。

尽管这些版画是单独一版一版发行的，但还是有一本是装订在一起的——由奥杜邦和苏格兰博物学家威廉·麦吉利夫雷合撰。因为所有在英国出版的图书都要在英国国家图书馆存档，加上版画的印花税太高，所以这本独立出版，这样奥杜邦就只需要提供这本单独装订的小册子，为不富裕的自己节省了印刷的钱。

科学制造

从某种意义上来说，《美洲鸟类》对科学发展所作的贡献微乎其微，因为它仅仅只是展示了各种各样的鸟类，并没有对鸟类的种类和数据展开更多的研究。不过，这本书以一个独特的视角展示自然史，再加上它的视觉效果非常震撼，所以能在众多科学书籍中脱颖而出也在意料之中。这本书出版之后，越来越多的读者期待看到类似的科学读物。5 年之后，另一本极具影响力的科学书籍也出版了，但和《美洲鸟类》完全不一样。这本书由英国发明家查尔斯·巴贝奇撰写，不仅图片精美，而且还提出了重要的科学理论。巴贝奇出版此书的目的之一，是将科学理论运用到制造业。

1791 年，巴贝奇出生于英国伦敦，可能许多人熟知他是因为他在早期机械计算机方面取得的成就。然而，巴贝奇只制造出了分析机（现代计算机的前身），并没有发明出真正的计算机，他也没有写过一本有关计算机的、具有影响力的书籍。1842 年，意大利数学家路易吉·费德里科·梅纳布雷亚发表了一篇论文，探讨了巴贝奇分析机的理论和性能，并由计算机程序师奥古斯塔·艾达·洛夫莱斯伯爵夫人翻译成英文，其中还加入了许多她的注释。

巴贝奇并没有将自己所有的时间都花在研究计算机上，他还思考了如何将数学和组织原则应用在工作场所上。19 世纪 40 年代，他将自己研究出来的方法进一步拓展为应用数学的一个分支——运筹学。这门学科第一次被应用是在战争领域，后来又被应用到商业中，巴贝奇也是世界上最早将科学引入商业的科学家之一。

1832 年，巴贝奇的著作《论机器和制造业的经济》出版。在写作过程

查尔斯·巴贝奇，约 1860 年

一张未注明日期的照片，照片里是老年巴贝奇。

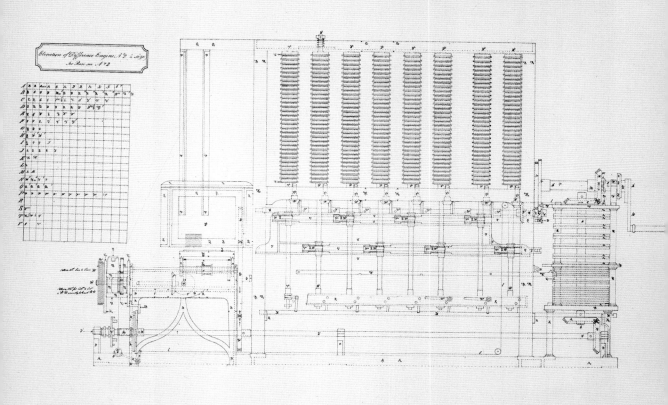

查尔斯·巴贝奇
差分机 2 号，1847 年

巴贝奇的差分机 2 号的工
程技术图。后来，巴贝奇放
弃了这台几乎快要造成的机
器，转而设计他那更先进的
分析机。

中，巴贝奇花了很多时间观察工厂里的情况，他发现，操作熟练的工人会花费很多时间去教刚来的工人如何操作。于是，巴贝奇建议将工人的工作分工，这样技术工人就能集中精力干自己的事情，效率也会大大提高。这种方法可以降低人工成本，从而实现企业的最高盈利，巴贝奇也是最早发明这种方法的科学家之一。

由于蒸汽机的发明，世界工业的进程受到了巨大的影响。不过，这种突飞猛进的进步背后是没有什么科学理论支撑的。直到1824年，法国工程师尼古拉·莱昂纳尔·萨迪·卡诺出版了一本书——《谈谈火的动力和能发动这种动力的机器》，工业发展背后才有了一点理论支撑。卡诺于1796年出生于巴黎，可惜的是，他36岁时就因为霍乱去世了，但是他的研究为热力学发展奠定了基础。

尽管卡诺研究的是一种即将过时的理论——热量可以从一个物体传递到另一个物体，但他意识到，由热量驱动的发动机的效率取决于温差，例如蒸汽机。卡诺也由此得到热力学第二定律（也是物理学的核心定律之一）：热量不能自发地从低温物体转移到高温物体。如果更深入地解释，也就是系统经绝热过程由一状态达到另一状态过程中，熵值不减少，而是增大或不变，不会变得有序。这条定律不仅影响了科学的发展，甚至对宇宙

查尔斯·巴贝奇
《论机器和制造业的经济》，
1832年

左下图为《论机器和制造业的经济》的标题页，右下图为詹姆斯·内史密斯的画作，画的是内史密斯发明的蒸汽锤矗立在曼彻斯特附近的一座铸造厂内。

尽头的一切都有影响。对卡诺来说，他眼下最重要的工作是找到改进蒸汽机工作的方法。当时的发动机效率很低，燃烧燃料产生的能量很少，许多都在过程中被浪费掉了。和巴贝奇不一样，卡诺没有活动在适合自己的圈子里，所以《谈谈火的动力和能发动这种动力的机器》刚出版的时候，并没有引起太多关注。直到 19 世纪下半叶，它才真正开始受到人们关注。

差不多在同一时期，巴贝奇的好友也出版了一些重要的著作。他就是英国物理学家约翰·赫歇尔，天文学家威廉·赫歇尔（天王星发现者）的儿子。1792 年，约翰在英国小镇斯劳出生，据说是他启发了巴贝奇的差分机研发工作。某天，巴贝奇在帮助约翰构建一个数表时，大声喊道："要是能有一台机器能帮我进行这些复杂的计算该多好啊！"约翰一生写了许多天文学著作，例如《天文学论著》。有趣的是，鉴于巴贝奇总是抱怨约翰父亲的天文目录不够清晰，于是约翰又对父亲的目录重新进行了整理。

不过，约翰·赫歇尔最重要的著作还是要数《试论自然哲学研究》，这本书总结了各种科学方法，比培根（英国实验科学的创始人）等人早期著作中的科学方法更现代化。严格意义上来说，《试论自然哲学研究》算不上

萨迪·卡诺
《谈谈火的动力和能发动这种动力的机器》，1824 年

下图为《谈谈火的动力和能发动这种动力的机器》的标题页和内页，这本书标志着热力学的开端，右下图的内页上还有一幅气体的比热容表。

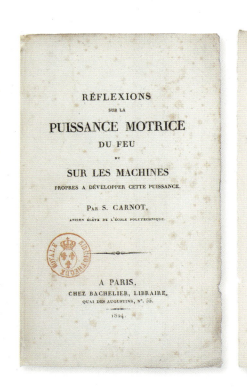

一本书，1831 年，它是作为《兰德纳珍藏本百科全书》的一部分出版的。
这本百科全书不是普通的百科图书，更像是精心打造的"图书库"，共有
133 卷，《试论自然哲学研究》排在第 14 卷。

塑造现代世界

　　视觉上的冲击是《美洲鸟类》成功的关键，这对其他科学书作者颇具
启发。英国地质学家查尔斯·莱尔在写《地质学原理》时，他的目标读者
是专业读者，然而这本书出版之后，却受到了许多大众读者的喜爱，部分
原因可能是该书具有精美的插图。1797 年，莱尔出生于苏格兰安格斯基里
缪尔附近一个富裕的家庭。他最初想成为一名律师，还接受了律师培训。
但几年之后，他就被地质学吸引，并花费了许多时间在地质学研究上。《地
质学原理》共 3 卷，分别在 1830 年、1832 年和 1833 年出版。凭借这套书，
莱尔巩固了自己在地质学领域的地位。

查尔斯·莱尔
《地质学原理》，1832 年

《地质学原理》第二卷的标题页，展示了意大利西西里岛埃特纳火山周围的景象。这本书共分 3 卷，分别于 1830 年、1832 年和 1833 年出版。

用现代的眼光来看，地质学似乎不像是一个能引起公众强烈兴趣的领域。由于莱尔支持并拓展的理论推翻了长期以来人们基于《圣经》来计算地球年龄的方法，所以在当时，地质学可以说是一个极具争议性、公众十分关注的领域，如果相关报道刊登在报纸上，一般也是放在头条。莱尔支持的理论被称为"均变论"，最初由英国地质学家詹姆斯·赫顿提出。在这之前，科学家普遍认为，地球是由一系列灾难塑造的，诞生的时间可以追溯到公元前 4004 年。而均变论明确提出，山脉和山谷的形成是一个循序渐进的过程，可能需要花费数百万年的时间才能完成。

莱尔在《地质学原理》中详细阐述了这一理论，英国生物学家查尔斯·达尔文（详见第 150 页）看到后，开始思考地质时间尺度对生物物种是否有影响。英国皇家海军勘探船贝格尔号的船长罗伯特·菲茨罗伊找到达尔文，希望他能从莱尔那里寻求一些地质方面的帮助。就这样，达尔文

查尔斯·莱尔
《地质学原理》，1830 年

《地质学原理》共 3 卷，出版于 1830 年至 1833 年间，这是其中一卷的内页。莱尔在书中阐明了对 1783 年卡拉布里亚地震影响的看法，并配上插图以吸引读者。

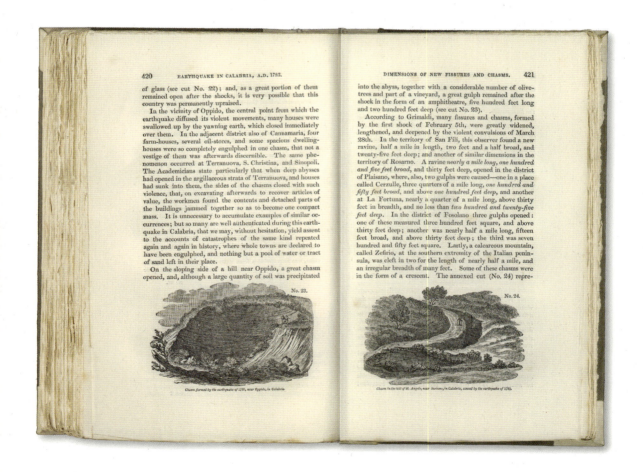

和莱尔成了好朋友，莱尔还送了《地质学原理》的第一卷给达尔文。

《地质学原理》这本书的全名是《可以作为地质学例证的地球与它的生物的近代变化》，通过书名可以看出，该书旨在通过依靠地球上目前正在发生的情况来解释地球表面过去发生的变化。文中也提到，莱尔获得写作灵感的原因在于他注意到，火山和地震等地质活动会引起地球表面的运动，而且板块的移动可能也受地质活动的长期影响。

随着地质学不断发展，单单依靠均变论解释是远远不够的。当时讨论得最多的就是化石里记录下的物种大规模灭绝的证据，科学家也慢慢弄清楚物种灭绝的原因。今天的科学家都知道，生物的大规模灭绝有些的确是地球上突然发生的、灾难性的变化引起的后果，但这在塑造地球表面的过程中只是一个例外，并不是一种规律。

随后在1845—1862年，德国科学家亚历山大·冯·洪堡出版了《宇宙》，这本书共有5卷，对地质学和地球地理学的发展都有重大影响。1769年，洪堡出生于德国柏林。和《地质学原理》一样，《宇宙》也很受欢迎，它的读者范围也很广。

《宇宙》以洪堡的一系列讲座为内容基础，这些讲座有点类似如今我们在电视上看到的科学纪录片。虽然到世界各地探险的经历对洪堡创作《宇宙》有巨大的影响，但他只是想借描绘地球，在书中探讨宇宙的秩序和结构。通过这本书，洪堡将"cosmos"（宇宙）这个词带入了现代。在这之前，"cosmos"还是一个鲜为人知的希腊词。在某些方面，洪堡的书籍和英国数学家布洛诺夫斯基的《人类的攀升》有异曲同工之妙（详见第204页），后者出版于前者出版的100多年后。《宇宙》带给读者内容和视觉的双重享受，它不仅详细讲述了宇宙的秩序，插图也非常精美。

探险占据了洪堡的大部分时间。1799—1804年，他探索了美洲，记录了许多在美洲发现的植物和动物。回到欧洲后，洪堡将自己的图纸和记录进行了整理，并收录在一系列书籍中，包括《植物地理学论文集》《大自然的肖像》，以及洪堡最广为人知的著作《新大陆热带地区旅行记》。

弗里德里克·格奥尔格·魏奇
亚历山大·冯·洪堡，约
1806年

德国物理学家、地理学家
亚历山大·冯·洪堡的肖像画。

查尔斯·莱尔
《地质学原理》，1833 年

这张插图可以帮助人们比较不同地质层的各种类型的化石，它来自《地质学原理》第三卷，也就是最后一卷。

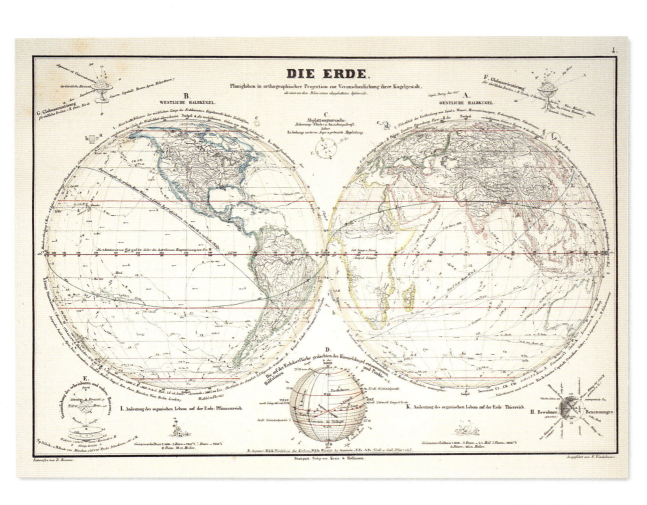

亚历山大·冯·洪堡
《宇宙》，1851 年

洪堡畅销书中的地球插图。

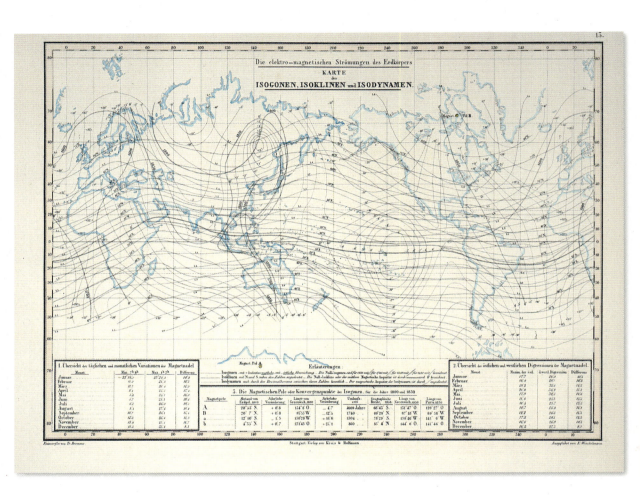

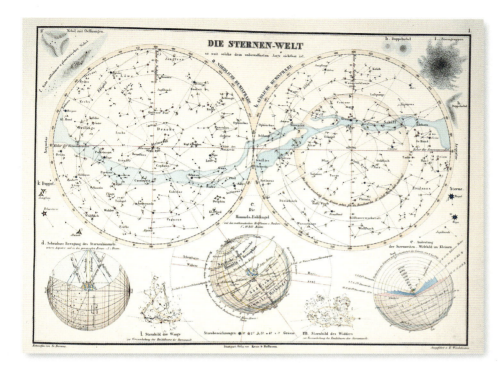

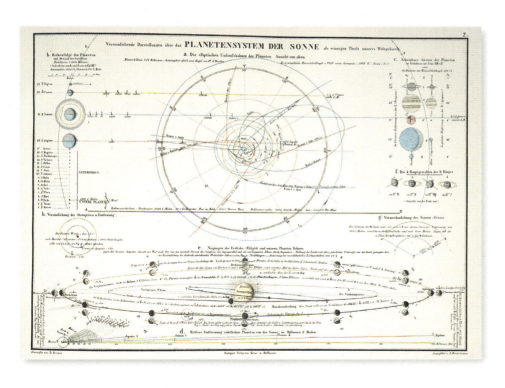

亚历山大·冯·洪堡
《宇宙》，1851 年

《宇宙》中的插图，展示了
地球物理学（左页）、气象
学（右上）和天文学（右
下）的结合。

这是《宇宙》中的一幅插
图，展示了德累斯顿的正午
时间在世界各地所对应的时
间，这张图反映出时区的划
分尚未出现，每个城市使用
的都是自己的时间。

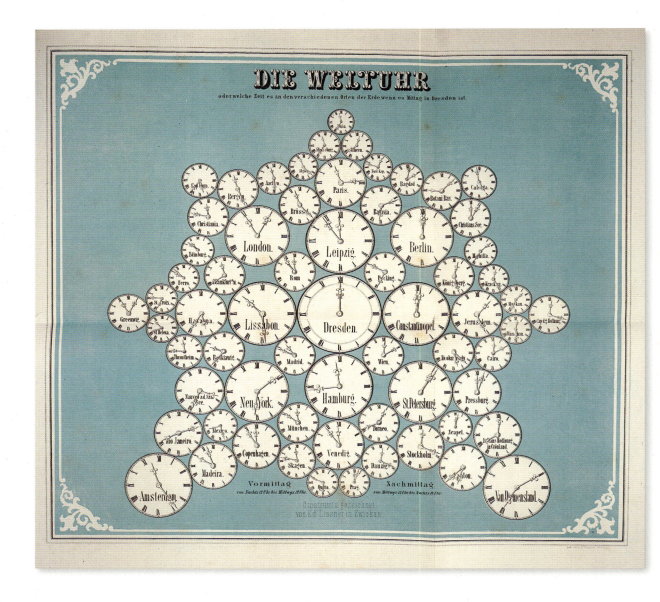

美丽的生物

由于均变论的局限性，所以它受到质疑是很正常的，乔治·居维叶就是其中一位质疑者。1769 年，居维叶出生于法国蒙贝利亚尔（靠近瑞典边境），他在古生物方面的研究最为成功，因为他将科学家已发现的化石和现存的动物联系了起来。不过他最著名的作品——《动物界》，却是一本涉及面十分广泛的书籍，这本书将动物大致分为四大类。

1817 年，《动物界》出版，共分为 4 卷，这本书可以被视为《自然系统》的插画版，只不过居维叶又添加了近 100 年来关于动物的新资料。《自然系统》是瑞典生物学家林奈于 1735 年发表的重要著作。居维叶通过研究动物解剖结构的异同，加上他在古生物学方面的经验，将林奈整理的动物分类进行细化，归纳出更准确的分类。不过，居维叶不接受物种会在缓慢、持续的过程中灭绝，也不接受进化论（尽管他利用比较解剖学的方法，建立了化石和现代动物之间的联系，例如已灭绝的猛犸象和现代大象）。但不

乔治·居维叶
《动物界》，1836—1849 年

居维叶书中优美的插图生动地比较了相关物种的相似点和不同点，这本书最早于1817 年出版，19 年后它的彩色版本也出版了。

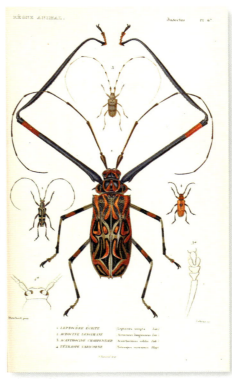

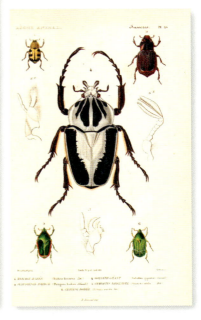

管怎么说，《动物界》这本书不管是在内容上还是视觉上，都给了读者很好的体验。

尽管居维叶的《动物界》涉及许多种动物，但它的范围还是远不及另一位法国贵族——乔治-路易斯·勒克来克——的一部早期作品。乔治-路易斯·勒克来克也被称为布封伯爵，是法国18世纪著名的博物学家，他于1749—1804年陆续出版了自己的著作《普通与特殊的自然史》，共有36卷，有8卷是后来增加的。这本书没有用科学的方法将各种动物分类，看起来有些没条理。它的内容包含物理、化学、地质和自然历史，当然还有许多动物，但没有四足动物和鸟类以外的动物。书中随机的排列和它标题中的"Cabinet du Roi"（国王的藏宝阁）有一些共同之处——珍藏从世界各地收集而来的有趣的物品的地方，但没有进行有序整理。

就其本身而言，《普通与特殊的自然史》算不上是一本科学书籍，即便在当时，它也因华丽的写作风格、缺乏科学深度的内容被读者批评。可以说，这本书只适合作为参考，不适合做深度考究。由于书中有许多很好的插图，光是图版就将近2000张，所以这本书也对居维叶等科学作家产生了重大影响。

除了居维叶，这一时期还有一位具有影响力的科学家值得一提，他就是让-巴蒂斯特·拉马克。1744年，这位法国生物学家出生于法国巴泽坦，他提出了早期进化论（尽管是错误的）。拉马克在他的进化论中提到，动物的基因会因为环境而改变，例如长颈鹿在生长过程中，可能会因为够不到更高处的树叶，进而演化出更长的脖子。他还认为，这种更长的脖子甚至可以遗传给长颈鹿的后代。1809年，拉马克出版了自己最有影响力的著作《动物哲学》，这本书的核心思想就是动物后天形成的特征是可以遗传给下一代的（获得性遗传）。

很快，拉马克的获得性遗传理论就被自然选择理论和科学家对遗传学的进一步理解推翻了。这也意味着，在很长一段时间里，拉马克"失业"了。不过，现代生物学也认识到表观遗传学（遗传学的分支）的一些内涵——在DNA序列不改变的情况下，基因的其他特征可以遗传给下一代。拉马克理论的基础虽然不对，但他至少意识到环境对生物发展是有影响的。

从物种发展的层面来看，布封和拉马克的理论都比居维叶更超前，而这也影响了有史以来最有影响力的科学书籍之一的创作——达尔文的《物

乔治·居维叶
《动物界》，1817 年

《动物界》第一版中的各种
动物头骨的比较以及鱼的
插图。

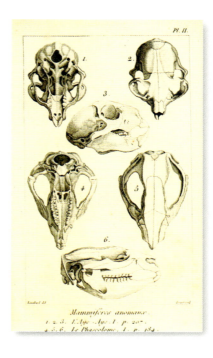

布封伯爵
《普通与特殊的自然史》，18
世纪

1750 年出版的《普通与特
殊的自然史》第一卷、第二
版的标题页和大约 1763 年
出版的第四卷的犀牛插图。

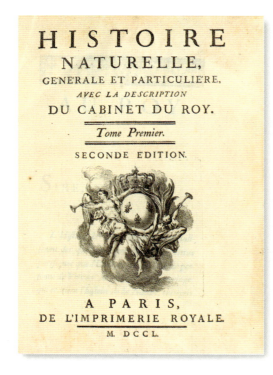
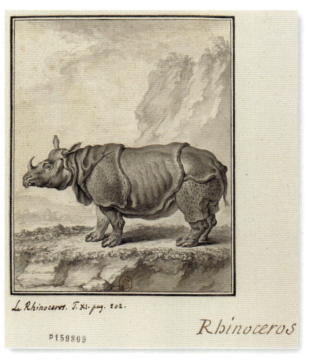

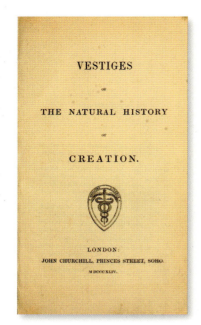
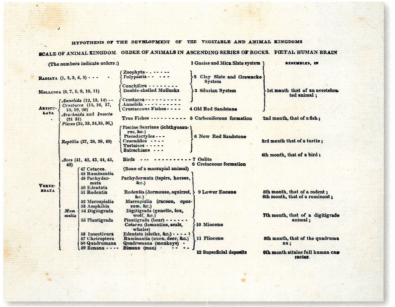

罗伯特·钱伯斯
《自然创造史的痕迹》，
1844 年

第一版的标题页和 1858 年出版的美国版中的一张图表，将动物化石与被认为来自同一时期的岩石联系起来。

种起源》。在谈论这本书之前，还有一本书值得一提，因为它为达尔文的自然选择学说铺平了道路。这本书叫《自然创造史的痕迹》，于 1844 年出版，出版后不久就成为国际畅销书。畅销的原因之一得益于阿尔伯特亲王，据说他曾亲自为维多利亚女王朗读过这本书。更有趣的是，当时没有人知道这本书的作者是谁。直到出版 40 年后，读者才知道它的作者是出生在苏格兰皮尔斯的作家兼出版商罗伯特·钱伯斯。

《自然创造史的痕迹》采用了一种宏观的方法，从恒星的演化开始，揭示了自然界的一切是如何随着时间发展的。不过，就算以当时的观点来看，书中的某些科学理论也是过时的，因为钱伯斯既支持拉马克的获得性遗传理论，又支持自然选择的观点，例如，他认为生物是从腐肉和其他物质中产生的。但毫无疑问，《自然创造史的痕迹》的影响是巨大的。当时，自然神论在英国学术界的影响很大，但是这本书却没有涉及自然神论，光是这一点就值得尊敬。

科学写作的演进

1859 年，英国生物学家查尔斯·达尔文的《物种起源》出版了，这本书可以说是科学史上最著名的书籍之一。正如前面所讲到的，关于自然选择这个话题学术界已经争论了好多年。而达尔文在《物种起源》中第一次对生物进化理论进行了系统的阐释。

自然选择学说在当时来说非常超前，就算以现在的观点来看也是这样。只要稍微了解过科学基础知识的人都知道，遗传信息是如何遗传给下一代的。在生存斗争的过程中，具有有利变异的个体能生存下来并繁殖后代，具有不利变异的个体则逐渐被淘汰，而那些具有有利变异的个体甚至可以将优秀的基因遗传下去。不过那时候，由于达尔文的自然选择学说缺乏事实根据，许多人还是相信神才是万物的创造者，所以很多人并不支持达尔文。尽管如此，在达尔文祖父生活的年代，自然选择的思想已经慢慢萌芽了（见第 118 页），所以当达尔文在研究他的学说的同时，其他科学家也紧跟其后。英国博物学家阿尔弗雷德·拉塞尔·华莱士早在达尔文完成《物种起源》之前，就与达尔文讨论过与自然选择学说非常相似的观点，还和达尔文一起发表了相关的论文。

查尔斯·达尔文
《物种起源》，1859 年

《物种起源》原著标题页的插图是全书唯一一幅插图，由威廉·韦斯特基于"生命之树"绘制。

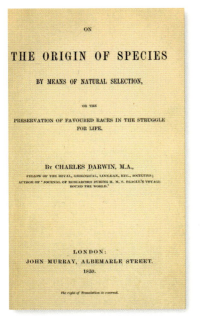

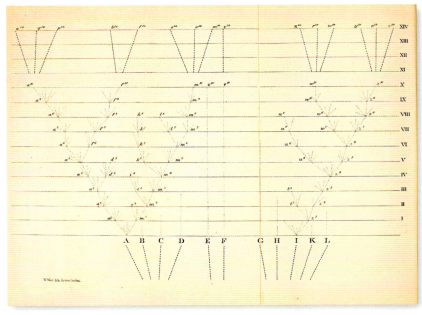

1. Geospiza magnirostris.   2. Geospiza fortis.
3. Geospiza parvula.   4. Certhidea olivacea.

FINCHES FROM GALAPAGOS ARCHIPELAGO.

查尔斯·达尔文
《小猎犬号航海记》，1890 年

右图为达尔文的《小猎犬号航海记》（1839 年首次出版）后来的版本中，加拉帕戈斯群岛的雀的插图，左图为朱莉娅·玛格丽特·卡梅隆 1868 年拍摄的 59 岁的达尔文。

  1809 年，达尔文出生于英国什鲁斯伯里，他在大学里攻读的是医学，后来逐渐对博物学产生了兴趣。1831 年，达尔文受罗伯特·菲茨罗伊船长的邀请，随贝格尔号（也称小猎犬号）进行环球航行。这次航行巩固了他在历史上的地位。这段史诗般的旅程长达 5 年，在此期间，达尔文接触了大量的野生动物，从澳大利亚的有袋动物到加拉帕戈斯群岛的雀类。正是达尔文对这些动物的观察，以及物种在不同环境中演化的方式，为他撰写《物种起源》提供了许多灵感。

  从思考进化论（也就是 1836 年，贝格尔号返回英国的时间），到《物种起源》的出版，达尔文花费了 20 多年的时间。在与莱尔、英国古生物学家理查德·欧文等人讨论后，达尔文的思想得到进一步发展。这本书之所以酝酿了这么长的时间，是因为这只是达尔文空闲时间所做的"闲事"，他的工作重心并不是这个。达尔文结束航行后，撰写了《小猎犬号航海记》。随后，他又痴迷于研究藤壶。不过，在收到华莱士来信之后，达尔文发现他的想法和华莱士非常相似，这也促使达尔文完成了《物种起源》。

  《物种起源》一经出版就广受欢迎，令人惊讶的是，最初它并没有引起英国人的关注，只是在美国一些地区引起了探讨。但随着时间的推移，关于这本书的讨论变得越来越激烈，其中最激烈的一场当属 1860 年著名的牛津论战——进化论和神创论之争。当时人们普遍认为人类是由上帝创造的，即所谓的神创论。英国博物学家赫胥黎是达尔文进化论的狂热支持者，他和神创论的支持者——牛津主教塞缪尔·威尔伯福斯展开了激烈的辩论。威尔伯福斯问赫胥黎，如果你的祖父或祖母是一只猴子或猿类的话，你会高兴吗（确切的措辞不清楚是否这样，因为辩论的过程没有逐字逐句地被记录下来），而赫胥黎从容地反驳了主教。

1871 年，达尔文又出版了著作《人类的由来及性选择》。出人意料的是，这本书并没有在社会上引起激烈的讨论。它侧重于介绍进化论对人类的影响，同时详细论述了性选择的问题。没有引起讨论的原因可能是，尽管这本书很受欢迎，但在过去 10 年的时间里，关于人类是如何起源的已经有了确切的答案——人类并不是被神创造的，所以这种观点已经失去了震撼性。而对于性选择，文中详细阐述了动物在自然选择下，可以选择保留对自己不利的特征，因为这些特征可以使它们在交配时更具优势，例如孔雀的尾巴。这个观点在当时很新颖，但内容太专业了，大众读者可能根本读不懂。

1887 年，也就是达尔文去世 5 年后，他的最后一本著作《达尔文自传》

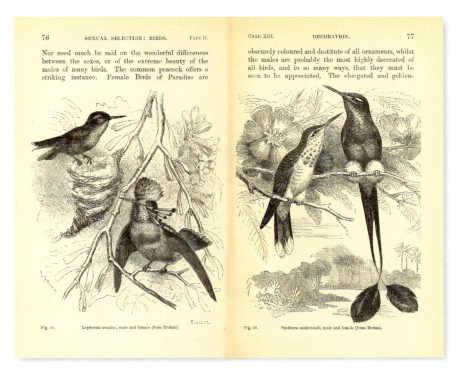

查尔斯·达尔文
《人类的由来及性选择》，
1871 年

该书第二卷第一版的插图页，展示了鸟类性别选择中颜色和翅膀末端羽毛结构的分布。

出版了。这本书本来是达尔文为他的孩子们写的，原书名叫《我的思想和性格发展回忆录》。作为达尔文在维多利亚时代（1837—1901 年）留下的最后一本著作，十分耐人寻味。达尔文在描述自己从狂热的生物学家转向业余地质学家，再自学成才变成博物学家的过程中，还巧妙地自嘲了一下。这本书并没有提到贝格尔号的航行，而是讲述了在进一步阐释自然选择学说和进化论之前，他试图将莱尔在地质学上的科学严谨性运用到自己的科学研究上，并使用了英国哲学家弗朗西斯·培根对待科学的方法——通过收集事实论证，而不是假设。

遗传学和科学论文

尽管达尔文为学术界作出了巨大的贡献，但他有一个理论肯定是错误的——关于遗传是如何发生的，达尔文认为是母方卵细胞与父方精子中的"某种液体"混合后，从而发生遗传。如果达尔文能读到奥地利生物学家格雷戈尔·孟德尔写的《植物杂交实验》，他肯定会受益匪浅。严格意义上来说，《植物杂交实验》算不上是一本书，而是一篇学术论文，只有 50 页左右。后来，它才以书籍的形式出版，并添加了一些其他的内容。

实际上，孟德尔的研究内容正是达尔文研究所缺失的。1822 年，孟德尔出生于奥地利西里西亚海因策道夫村（今属捷克）。通过杂交，孟德尔培育出具有不同性状（例如高度和花朵的颜色）的豌豆植株，他发现了生物遗传的基本规律，而这正是达尔文没有弄清楚的东西。

可惜的是，孟德尔的研究成果于 1866 年发表在一本不知名的自然史学会期刊上，直到 20 世纪初才被注意到，并对学术界产生了重大影响。《植物杂交实验》最初还遭受了学术界的批评，因为孟德尔的实验结果太接近他的预期了，不少科学家怀疑孟德尔为了匹配他的理论，修改了实验结果。然而，无论事实是否如此，《植物杂交实验》在科学写作史上都占据着重要地位。

除此之外，《植物杂交实验》还体现了科学家之间交流方式的改变，这种变化在 19 世纪尤为明显。当时，许多发表在学术期刊上的科学论文都是在科学家之间的书信来往中产生的。在电子邮件和社交媒体高度发达的今

格雷戈尔·孟德尔
《植物杂交实验》，1866 年

1866 年，孟德尔的《植物杂交实验》发表在一本自然史期刊上，但几乎被学界忽视了。

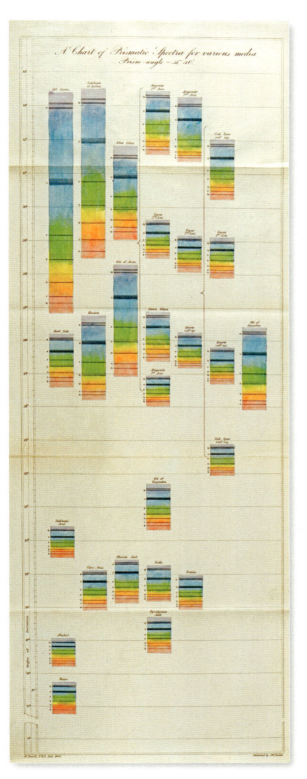

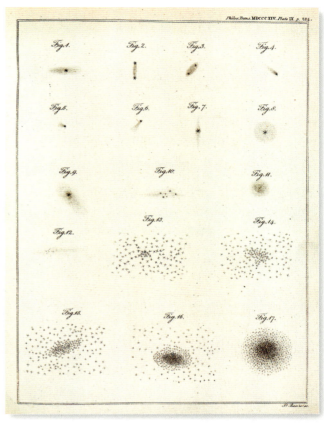

巴登·鲍威尔

《波动理论的一般和基本观点》，1841 年

鲍威尔实验中的光谱图（左）最初发表在《哲学汇刊》，后来被收录在一本数学家研究光学的书中。

威廉·赫歇尔

"关于恒星的天文观测"，《哲学汇刊》，1814 年第 104 卷

右图为赫歇尔在《哲学汇刊》上发表的一篇文章中所附的星云的插图。

天，我们可能想象不到在那时书信是多么重要。举一个例子，苏格兰邮政局曾在英国物理学家詹姆斯·克拉克·麦克斯韦的家门口放置过一个邮筒专门供他使用，因为麦克斯韦经常使用书信和同事交流。

随着众多科学学会的建立，如 1603 年在罗马成立的猞猁之眼国家科学院、1660 年在伦敦成立的英国皇家学会，这些机构逐渐成为科学家交流的中心。他们仍然用信件交流，但不再通过邮局，而是由学会里的助手送信。在这之后，越来越多论文出现在刊物上。1665 年，英国皇家学会创办了世界上第一本科学期刊——《哲学汇刊》，并引入了同行评议的理念——在文章发表之前，其他科学家可以对内容进行批评和指正，这本期刊至今还在出版发行。

随后，许多学术机构和私人出版公司都发行了类似《哲学汇刊》的期刊，而在期刊上发表一篇文章比写一本书要简单和快得多。随着时间的推移，这些期刊办得越来越好，要想在众多论文中脱颖而出变得越来越困难。这时，一些期刊做出了新的尝试。他们的想法是给每篇论文写一篇简短的摘要，然后将这些摘要做成一份独立的出版物。这样读者就能阅读到更多的摘要，然后选择自己最感兴趣的论文，再问出版社要完整版。但即使这样，仍然有一些发表在不知名刊物上的论文会被忽视，正如孟德尔之前那样。

随着科学发现越来越多，通过期刊交流思想成了一件很自然的事情，而且除了必要的时候，科学家也不用大费周章写书了。同行评议仍然没有被取消，但科学家的工作得到公认的必要性却大大降低了。

从逻辑学到解剖学

与达尔文差不多同时间写作的还有两位著名的英国数学家——乔治·布尔和约翰·维恩，他们的著作在各自的领域都极具影响力。布尔被许多人记住在于他提出了一套逻辑理论和代数方法，而维恩则系统地解释并发展了几何表示的方法。1815 年，布尔出生于英格兰林肯郡，可以说，他是第一位将数学和逻辑联系起来的科学家。1854 年，布尔出版了自己最著名的书《思维规律的研究》。从古希腊时代开始，逻辑一直都是用文字表示，而布尔给它带来了数学符号。因为布尔在符号逻辑运算上作出的贡献，

AN INVESTIGATION

OF

THE LAWS OF THOUGHT,

ON WHICH ARE FOUNDED

THE MATHEMATICAL THEORIES OF LOGIC
AND PROBABILITIES.

BY

GEORGE BOOLE, LL.D.

PROFESSOR OF MATHEMATICS IN QUEEN'S COLLEGE, CORK.

DOVER PUBLICATIONS, INC.

乔治·布尔
《思维规律的研究》，1854 年

布尔在这本书中介绍了布尔
代数——一种逻辑数学的
表示符号。

THE

LOGIC OF CHANCE

AN ESSAY

ON THE FOUNDATIONS AND PROVINCE OF
THE THEORY OF PROBABILITY,

WITH ESPECIAL REFERENCE TO ITS LOGICAL BEARINGS
AND ITS APPLICATION TO

MORAL AND SOCIAL SCIENCE, AND TO STATISTICS,

BY

JOHN VENN, Sc.D., F.R.S.,

FELLOW AND LECTURER IN THE MORAL SCIENCES, GONVILLE AND CAIUS COLLEGE,
CAMBRIDGE.
LATE EXAMINER IN LOGIC AND MORAL PHILOSOPHY IN THE
UNIVERSITY OF LONDON.

"So careful of the type she seems
So careless of the single life."

THIRD EDITION, RE-WRITTEN AND ENLARGED.

London:
MACMILLAN AND CO.
AND NEW YORK
1888

[All Rights reserved.]

118   *Randomness and its scientific treatment.*   [CHAP. V.

character of the rows of figures displayed by the incommen-
surable or irrational ratios in question.

As it may interest the reader to see an actual specimen
of such a path I append one representing the arrangement
of the eight digits from 0 to 7 in the value of π. The data
are taken from Mr Shanks' astonishing performance in the
calculation of this constant to 707 places of figures (*Proc. of
R. S.*, XXI. p. 319). Of these, after omitting 8 and 9, there
remain 568; the diagram represents the course traced out
by following the direction of these as the clue to our path.
Many of the steps have of course been taken in opposite
directions twice or oftener. The result seems to me to
furnish a very fair graphical indication of randomness. I
have compared it with corresponding paths furnished by
rows of figures taken from logarithmic tables, and in other
ways, and find the results to be much the same.

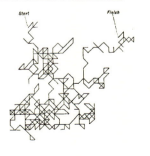

约翰·维恩
《机会逻辑》，1888 年

左图为《机会逻辑》一书第
三版的标题页，右图为该书
1888 年出版的第三版中关
于随机漫步假说的示意图。
《机会逻辑》第一版出版于
1866 年。

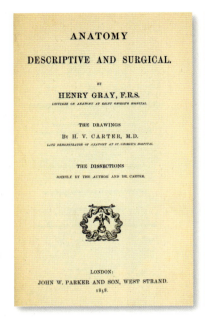

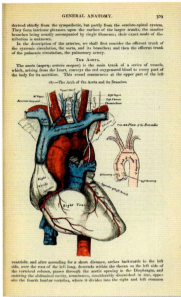

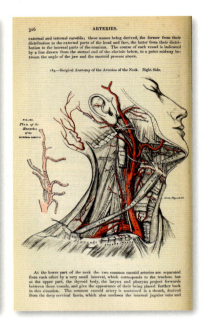

亨利·格雷
《格雷氏解剖学》，1858 年

《格雷氏解剖学》的标题页和书中著名的彩色解剖插图。

所以这套逻辑运算又被称为"布尔运算"（也称"布尔代数"）。它是计算机基本逻辑组件工作的核心，现在我们用的搜索引擎等都离不开布尔代数。

1834 年，维恩出生于英国赫尔。1866 年，维恩出版了自己第一部著作《机会逻辑》，这是促进概率论思想发展的一部重要著作。维恩计算某件事发生概率的数学方法是——在 m 次试验中，如果成功的次数为 n 次，则成功的概率为当 m 趋向无穷大时 n/m 的极限值。这可能是维恩对数学最大的贡献，但很多人知道他却是因为维恩图。1881 年，维恩出版了《符号逻辑》，在书中他首次使用了维恩图，这些图使用形状的形式来说明布尔代数中的关系。维恩图其实是数学里集合的一种表述方式，它的具体作用就是用以表示两个集合相交的部分。

正如维恩图和布尔检索在今天是人们很熟悉的术语一样，经典医学教科书《格雷氏解剖学》也很出名，这一定程度上要归功于一部与它同名的美剧——《实习医生格蕾》。1858 年，《格雷氏解剖学》首次出版，它的最新版现在还在发行。

英国外科医生亨利·格雷是这本书的作者。1827 年格雷出生于伦敦。在格雷生活的年代，外科医生的地位一直比内科医生低，从事这个职业的人还没有理发师多，而拥有人体解剖经验的外科医生就更少了。在科学蓬勃发展的同时，越来越多外科医生想为外科手术赋予更多科学依据。在写

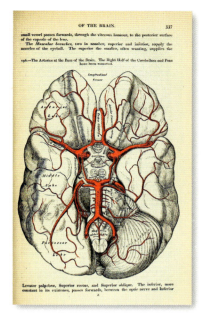

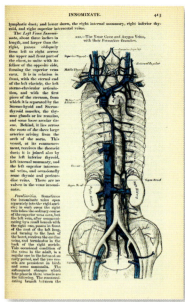

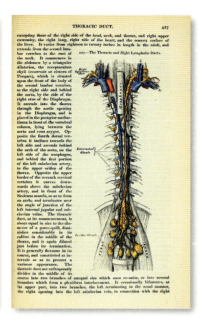

《格雷氏解剖学》的过程中，格雷和医学绘图员亨利·范戴克·卡特合作，进行了一系列人体解剖。不幸的是，在这本书出版 3 年后，格雷在给自己的侄子治病时，感染天花去世了，而这时他才 34 岁。因此，《格雷氏解剖学》现存的许多版本都是其他作者整理出来的。但格雷的贡献是不可埋没的，他的名字也将永远和解剖学联系在一起。

这段时期是医学史上尤为重要的一段时期。在《格雷氏解剖学》首次出版 3 年后，另一本重要的医学书籍也出版了，它挽救了许多女性的生命。这本书叫《产褥热的病原、实质和预防》，作者是 1818 年出生于匈牙利布达佩斯的医生伊格纳茨·泽梅尔魏斯。在当时的欧洲，死于分娩的女性数量急剧上升，最严重的时候，百分之四十的女性都无法在分娩阶段活下来。

泽梅尔魏斯意识到，这可能是因为医生在为妇女检查和接生时，没有对手部进行清洁导致的，而且有时医生检查完一位女性又立即检查另一位女性，造成了交叉感染。于是，他建议所有医生在给病人做检查和手术之前都使用氯化石灰溶液洗手，后来的试验也证明，这个方法的确可行。不过，泽梅尔魏斯并不是第一位提出这个倡议的人。早就 1795 年，苏格兰医生亚历山大·戈登就写过一篇论文，得出的结论和泽梅尔魏斯差不多一样，但泽梅尔魏斯更加系统地研究了这个问题。从 1847 年开始，泽梅尔魏斯就在维也纳总医院进行了各种尝试，最终才研究出这个办法。

到 1861 年泽梅尔魏斯出版他的书籍时，他已经有大量的统计资料来阐明、论证他的发现和理论——医生在为孕妇做检查和手术前，用氯化石灰溶液洗手会大大降低孕妇的死亡率。可惜，泽梅尔魏斯的想法最初在医学界遭到强烈反对，被很多人嘲笑。后来，他的心理健康问题越来越严重，并于 1865 年死于伤口感染。直到几十年后，学术界才开始采用泽梅尔魏斯的建议。值得庆幸的是，虽然当时许多人反对泽梅尔魏斯，但许多医生认为在手术前洗一下手对他们并没有什么危害，于是从 19 世纪 60 年代开始，孕妇在分娩时的死亡率就降低了。

讲座之书

在本章的开头，我们就提到了 19 世纪最伟大的科学家之一——迈克尔·法拉第。1791 年，法拉第出生于伦敦一个贫穷的家庭，他最开始是一名装订工学徒，几乎没有接受过正规教育。也许正因为如此，虽然有一些书籍是以法拉第的名字命名的，但大多数要么是他的科学论文的合集，要么就是他在英国皇家学会一些受欢迎的演讲的记录。《蜡烛的化学史》就是其中一本，这本书算得上是早期科普书的里程碑。

莱顿兄弟
法拉第在英国皇家学会，约 1855 年

这幅版画展示了迈克尔·法拉第在英国皇家学会的圣诞节讲座上发表演讲，阿尔伯特亲王和他的儿子坐在观众席第一排。

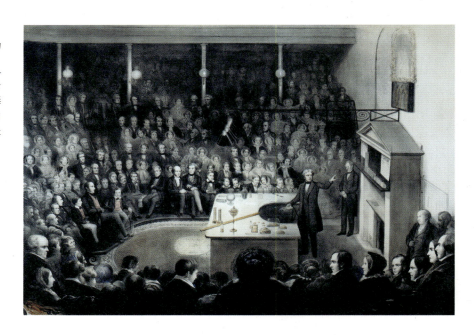

迈克尔·法拉第
《蜡烛的化学史》，1861 年

这几页都来自法拉第的系列讲座之书，展示了蒸汽冷凝时压力是如何下降的以及如何从呼气中收集二氧化碳。

约翰·丁达尔
《声学》，1869 年

《声学》的第一版出版于 1867 年，和法拉第的书一样，这本书也是基于约翰·丁达尔在皇家学会的一系列讲座而创作的。

74 CONTRACTION OF STEAM WHEN CONDENSED.

take place, I will take this tin flask, which is now full of steam, and close the top. We shall see what takes place when we cause this water or steam to return back to the fluid state by pouring some cold water on the outside. [The lecturer poured the cold water over the vessel, when it immediately collapsed.] You see what

Fig. 12.

has happened. If I had closed the stopper, and still kept the heat applied to it, it would have burst the vessel; yet, when the steam returns to the state of water, the vessel collapses, there

170   PRODUCTS OF RESPIRATION.

and by means of a pipe I get my mouth over it so that I can inhale the air. By putting it

Fig. 33.

over water, in the way that you see, I am able to draw up this air (supposing the cork to be quite tight), take it into my lungs, and throw it back into the jar: we can then examine it, and see the result. You observe, I first take up the air, and then throw it back, as is evident from the ascent and descent of the water; and now, by putting a taper into the air, you will see the state in which it is by the light being extinguished. Even one inspiration, you see, has completely spoiled this air, so that it

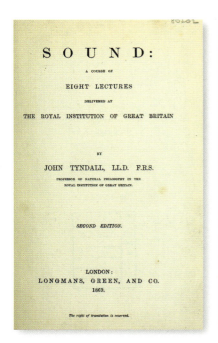

S O U N D:

A COURSE OF

EIGHT LECTURES

DELIVERED AT

THE ROYAL INSTITUTION OF GREAT BRITAIN

BY

JOHN TYNDALL, LL.D. F.R.S.

PROFESSOR OF NATURAL PHILOSOPHY IN THE
ROYAL INSTITUTION OF GREAT BRITAIN

SECOND EDITION.

LONDON:
LONGMANS, GREEN, AND CO.
1869.

The right of translation is reserved.

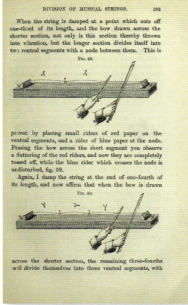

DIVISION OF MUSICAL STRINGS.   163

When the string is damped at a point which cuts off one-third of its length, and the bow drawn across the shorter section, not only is this section thereby thrown into vibration, but the longer section divides itself into two ventral segments with a node between them. This is

Fig. 39.

proved by placing small riders of red paper on the ventral segments, and a rider of blue paper at the node. Passing the bow across the short segment you observe a fluttering of the red riders, and now they are completely tossed off, while the blue rider which crosses the node is undisturbed, fig. 39.

Again, I damp the string at the end of one-fourth of its length, and now affirm that when the bow is drawn

Fig. 40.

across the shorter section, the remaining three-fourths will divide themselves into three ventral segments, with

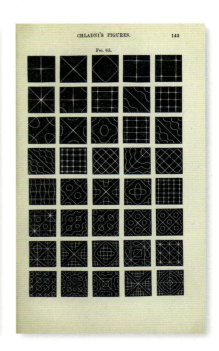

CHLADNI'S FIGURES.   143

Fig. 65.

《蜡烛的化学史》这本书出版于 1861 年，包含法拉第在 1848 年所做的 6 场讲座的内容，这也是法拉第对每年举办的儿童圣诞系列演讲的贡献之一。这个由法拉第创办的系列演讲一直延续到今天。法拉第的主要思路是，从一根简单的蜡烛出发，观察火焰是怎么形成的、蜡烛燃烧会形成怎样的结果、什么样的大气条件适合蜡烛燃烧，等等。书中还有一些关于能在家中操作的实验的讲座，和圣诞节讲座一样，也是以一系列令人兴奋的演示为特色。最初，《蜡烛的化学史》并没有被设想成一本书，但它用简单的方法为大众读者普及科学知识，为 20 世纪大众科普书的发展奠定了基础。

同样值得一提的是，和法拉第一同工作并拥有三个头衔的爱尔兰物理学家约翰·丁达尔。1820 年，丁达尔出生于爱尔兰卡洛郡莱林桥，他最著名的成就就是解释了天空为什么是蓝色的，以及发现了丁达尔现象（丁达尔效应）。丁达尔在担任英国皇家学会物理学教授时，和法拉第一样，他也非常推崇科学知识的普及。

在三本从讲座中收集材料的书中，丁达尔介绍了当时一些简单却重要的物理知识：热、光和声音，他的目的是让更多的人了解物理。他在《声学》的序言中写道："在接下来的几页中，我会尝试让所有人对声学感兴趣，包括那些没有接受过任何科学教育的人……整个文明世界对科学文化的渴望越来越强烈，这是一件很自然的事情，也是时代所需。科学一直强烈影响着时代的智力和物质活动，吸引着许多科学家的注意力，也挑战着科学家的想象力。"紧接着，丁达尔在 1868 年出版了《热：一种运动形式》，在 1873 年又出版了《关于光的六次讲座》。这三本书针对的都是大众读者，而且在每篇文章中，丁达尔都提出了最新的科学思想。

电磁学大师

从很多方面来说，迈克尔·法拉第都是 19 世纪最伟大的物理学家之一，尽管那时很少有人知道他的名字。1831 年，詹姆斯·克拉克·麦克斯韦出生于苏格兰爱丁堡，25 岁时就成了大学教授，之后的职业生涯也很精彩。1871 年，麦克斯韦受聘为剑桥大学新设立的卡文迪许实验室物理学教授，负责筹建著名的卡文迪许实验室。可惜的是，麦克斯韦 48 岁时就英年早逝了。

▶ 詹姆斯·克拉克·麦克斯韦《论电和磁》，1873 年

麦克斯韦著作《论电和磁》标题页中的一系列插图，包括迈克尔·法拉第提出的力线。

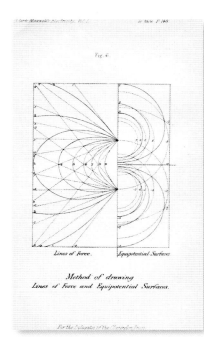

Fig. 6.

Lines of Force. *Equipotential Surfaces.*

Method of drawing
Lines of Force and Equipotential Surfaces.

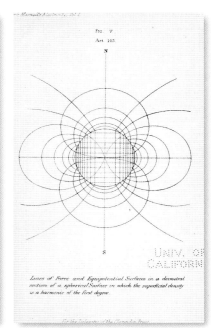

Fig. V.
Art. 143.

N

S

Lines of Force and Equipotential Surfaces in a diametral
section of a spherical Surface in which the superficial density
is a harmonic of the first degree.

FIG. IX.
Art. 143.

Spherical Harmonic of the fourth degree.

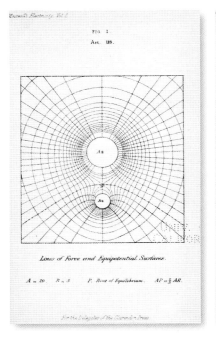

FIG. I.
Art. 118.

Lines of Force and Equipotential Surfaces.

A = 20.   B = 5.   P, Point of Equilibrium.   AP = ⅔ AB.

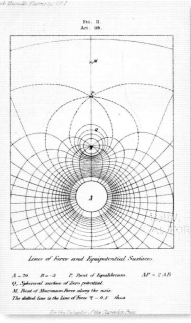

FIG. II.
Art. 119.

M

P

Q

A

Lines of Force and Equipotential Surfaces.

A = 20.   B = -5.   P, Point of Equilibrium.   AP' = 2 AB.
Q, Spherical surface of Zero potential.
M, Point of Maximum Force along the axis.
The dotted line is the Line of Force Ψ = 0.1 thus

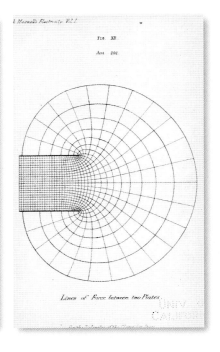

FIG. XII.
Art. 202.

Lines of Force between two Plates.

在麦克斯韦生活的时代，他因在统计力学方面的研究而闻名。麦克斯韦提出了麦克斯韦速度分布定律；他还因对颜色的感知而闻名，并阐述了颜色组合的原理——"颜色三角形"——如今许多电脑或彩色电视的屏幕还在使用这个颜色模型。1871 年，麦克斯韦出版了《热学理论》。这是一本教科书，正如副标题"适合公立和科学学校的老师和学生使用"所说，这本书的内容相对简单易懂，跨越了学术和公众之间的鸿沟。

然而，麦克斯韦最伟大的成就，也是对后世影响最大的成就，是关于电磁学的。麦克斯韦提出光是一种电磁波，他首先建立了电和磁的力学模型，然后又建立了电和磁的数学模型，然后将二者结合在一起，形成一个整体。在此之前，不少科学家就在研究电和磁，只不过没人用数学的形式描述过电和磁。后来，这个模型被简化为 4 个简短的方程。对于后世的物理学家来说，这 4 个方程很好理解。但对和麦克斯韦同时代的科学家，甚至是麦克斯韦的同事——英国物理学家开尔文勋爵这样伟大的人物来说，这个"抽象"的理论也很难理解。这也是为什么直到麦克斯韦去世后，他的理论才受到真正的赞赏的原因。

在《热学理论》出版两年后，也就是 1873 年，麦克斯韦的另一部著作《论电和磁》出版了。这本书迄今仍被认为是麦克斯韦最具影响力的著作，直到 20 世纪，仍然被用作教科书。著名物理学家爱因斯坦曾这样评价麦克斯韦："没有麦克斯韦的电磁方程，就没有现代物理学，我从麦克斯韦那里学到的比在任何人那里都多。"美国物理学家理查德·费曼还曾附和爱因斯坦："从人类历史的长远角度来看，例如从自今以后一万年的角度来看，麦克斯韦发现电动力学定律无疑是 19 世纪最重要的事件。"而《论电和磁》这本书也是麦克斯韦理论最权威的论述。

在艺术和科学的边缘

可以说，麦克斯韦是 19 世纪科学写作的巅峰，他使数学以一种前所未有的方式成为物理学的中心。现在，我们再来看看另一本书，尽管它的标题不是那么令人震撼，但是这本书却有持久、特殊的魅力。它就是《平面国》，作者是埃德温·艾勃特。1838 年，艾勃特出生于英国伦敦，他绝大部分人生都在一所语言学校担任校长。除此之外，他还是一位牧师。在 1884 出版的《平面国》中，艾勃特带读者进入了一个二维世界。

尽管《平面国》大部分内容都是对社会阶级和陋习的讽刺，但它对二维形状之间的相互作用，以及生活在二维世界的意义的描述（尤其是当一个三维物体进入二维世界时），有助于读者了解数学家对维度的研究方法。在爱因斯坦在相对论中提出四维空间的概念之前，艾勃特就在书中涉及了四维的概念。对于现代读者来说，艾勃特的写作风格有些沉闷，但《平面国》中包含的思想却新鲜、活泼。

就像物理学书籍和数学书籍在 19 世纪末取得了巨大进步一样，生物学书籍也在一位生物学家的推动下迅速进步，他就是德国科学家恩斯特·海克尔。1834 年，海克尔出生于德国波茨坦，他将林奈、居维叶和达尔文的思想融合在一起，使博物学跟上了时代的步伐。尽管海克尔和麦克斯韦生活在同一时代，但长寿使他的书能在 20 世纪出版。

一定程度上来说，海克尔并不赞同英国物理学家欧内斯特·卢瑟福对科学的理解——即所有科学要么是物理学，要么就是像集邮似的汇总。海克尔最伟大的贡献是编目，他将林奈整理的动物分类增加了数千个物种，并创造了"生态学""门"等一系列新术语。但与林奈不同的是，海克尔有达尔文的研究成果作为基础，所以他构建了最早的动物物种家谱之一（也被称为"演化树"）。除此之外，海克尔提出的复演说是他对生物学理论最重要的贡献。复演说认为，在出生之前，胚胎会经历祖先物种的不同形态。尽管这一理论现在被认为是错误的，海克尔对学术界还是有很大的影响力。

除了是一位生物学家，海克尔还是科学家、哲学家和艺术家。他著名的作品与其说体现了他发现的物种的广度，倒不如说展示了他高超的绘画技术。最初，在 1899 年，海克尔的著作《自然界的艺术形态》是以一套版画的形式出版的，在 1904 年才以书籍的形式出版。书中只有 100 幅图画，设计和结构都是为了传达海克尔关于生物之间的关系，以及物种结构对称的重要性的想法。书中许多版画都是彩色的，展示了物种的多样性和相关生物之间的关系。这本书既是生物学的典范，又是一部伟大的艺术作品，当时许多艺术家和设计师都受到了这本书的影响。

与此同时，法国昆虫学家让-亨利·法布尔关于昆虫的书籍也很受欢迎。但受欢迎的原因不是插图，而是他迷人的写作风格。如果将法布尔和

恩斯特·海克尔
《自然界的艺术形态》，
1899—1904 年

这是书中的一幅美丽插图，
展示的是海洋无脊椎动物
海鞘。

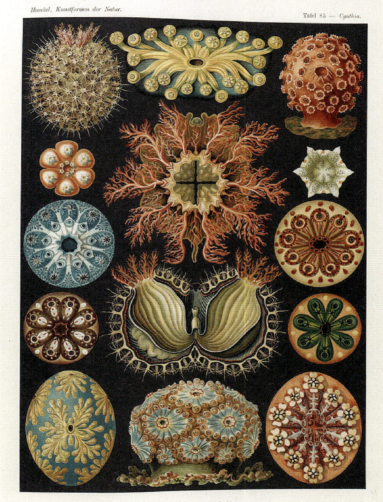

Haeckel, Kunstformen der Natur.

Tafel 85 — Cynthia.

Ascidiae. — Seescheiden.

恩斯特·海克尔
《自然界的艺术形态》，
1899—1904 年

左图是鼓藻目生物的插图，
它是一种绿藻，可生长成为
一种陆地植物。右图是等幅
骨虫的插图，这种放射虫具
有坚硬的骨架，是一种原生
动物。

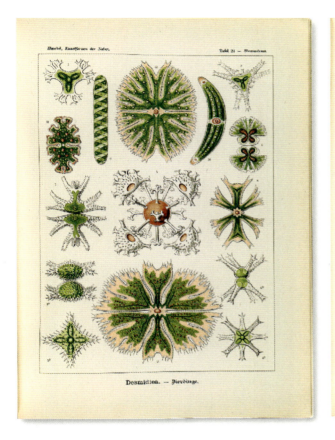

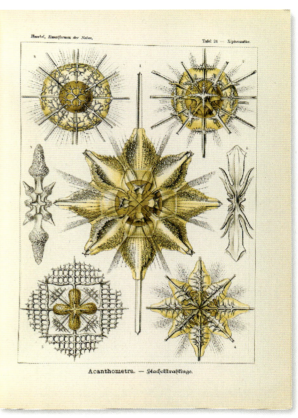

恩斯特·海克尔
《自然界的艺术形态》，
1899—1904 年

左图展示了更多的放射虫以
及它们的身体结构（宝石状
的结构），右图展示的一种
与海胆相似、已经灭绝的
海蕾。

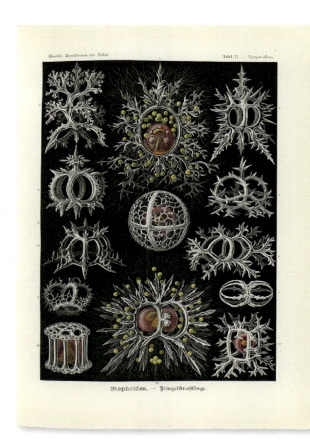

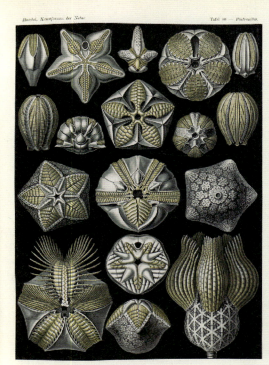

海克尔的书籍用来作比较的话，那肯定是一件很有趣的事情。1823年，法布尔出生于法国普罗旺斯的圣莱昂，自学昆虫学。他在书中并没有将昆虫拟人化，而是以传记的风格描述昆虫和昆虫的生活，使大众读者更能接受。法布尔一生写了很多本书，但最著名的还是《昆虫记》。1879年，这本书的第一卷出版，后来又陆续出版了9卷，在20年中不断补充和更新。

在19世纪的后20年里，也就是快进入20世纪的时候，有一位英国摄影师也将自然插画用于科学和艺术作品，他就是埃德沃德·迈布里奇。但与之前不同的是，这些"插画"不是真正的绘画，而是照片。

1830年，迈布里奇出生于英国泰晤士河畔的金斯顿区，原名爱德华·迈布里奇。工作后，他大部分时间都在美国度过，先是在旧金山，后来在费城。迈布里奇最初是一名风景摄影师，后因谋杀了妻子的情人而声名狼藉（但陪审团认为迈布里奇的出发点并没有错，于是判他无罪）。在他

让-亨利·法布尔，约1900年

法国摄影师拍摄的法布尔工作时的照片。

使用一组相机拍摄运动中的物体后，顿时声名鹊起。通过给马和其他动物拍摄连续的照片，他分析出动物是如何运动的。在书中，迈布里奇将一个系列的照片放在一起，促进了摄影技术的巨大进步。后来，他将连续图像绘制在一块玻璃圆盘的边缘，随着玻璃的旋转，再将影像投射出去，这样图片就好像动起来了。这也是电影的前身。

迈布里奇制作了大量的"动图"，从野生动物到乌龟的心跳、再到人类在进行各种活动时的动作（通常是裸体，以展示他们的肌肉线条）。和海克尔一样，迈布里奇最初也以售卖成套的版画起家。一定程度上来说，迈布里奇的杰作《动物的运动》也算不上是一本书，而是一本照片集，只不过多了目录和描述性的文字介绍。《动物的运动》由 781 张照片（尺寸为 48厘米 ×61 厘米）组成，每一页最多有 24 张照片。这本照片集大多以 600美元的高价卖给了机构，但也有 100 套精装版，售价为 100 美元。

1887 年，在书中印刷照片的技术还不成熟，所以《动物的运动》没有成书出版。然而实际上，这本照片集早就以书的形式开始印刷了，只是迈布里奇本人不知道而已，而这差点葬送了他的职业生涯。1882 年，迈布里奇带着自己的"电影"作品在伦敦进行巡回展出。巡展非常成功，所以迈布里奇打算在英国皇家学会发表演讲。然而演讲还没开始，就有人拿了一本名叫《奔跑中的马》的书给他看，只不过作者不是迈布里奇，而是 J.D.B. 斯蒂尔曼，并要求迈布里奇说明情况。书中有许多根据迈布里奇的照片雕刻的版画，但没有提到迈布里奇这个人。这本书是迈布里奇的前赞助人代表、美国铁路大王、斯坦福大学的创始人利兰·斯坦福出版的。书中没有提到迈布里奇的名字，这似乎也在向英国皇家学会表明，迈布里奇只不过是其中一名技术人员，而不是这项技术的发明者。后来，迈布里奇起诉了斯坦福，但并没有取得什么进展。所幸《奔跑中的马》卖得不算好，所以这件事后来也不了了之了。不久之后，迈布里奇去到了美国宾夕法尼亚大学工作，并继续他的摄影研究。在这里，他的工作终于得到了认可。

到了 19 世纪末，科技又进步了，迈布里奇也出版了两本书，把他的作品带给了更多读者。这两本书分别是 1899 出版的《运动中的动物》和 1901年出版的《人体动作》，都在英国出版。这两本书的照片质量可能不如《动物的运动》，但它们将摄像技术、图像和介绍文本结合在一起，使读者更容易读懂和接受。由于《人体动作》中有很多照片都是裸体，1901 年 12 月，

▶ 埃德沃德·迈布里奇
《动物的运动》，1887 年

拳击运动员和一头骡子的照片。据报道，当这组照片在皇家学会展示的时候，威尔士亲王很"高兴"。

埃德沃德·迈布里奇
《动物的运动》，1887 年

在费城动物园内，迈布里奇以满是 5 厘米网格的白布为背景，拍摄下一组鹰的捕食照片。

英国杂志《图形》一篇文章中有人这样警告道："我们需要明白的是，《人体动作》这本书不应该被放在客厅的桌子上，因为它不适合学生阅读，除非这些学生已经成年了。"

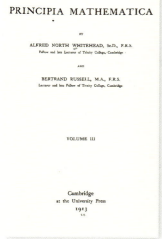

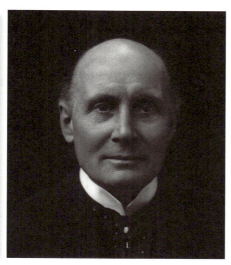

揭开数学和地理的基本原理

从整个 19 世纪来看，科学书籍已经发生了巨大的转变——从纯粹地作为科学家之间交流的手段，到充当起学术界和公众之间的桥梁。尽管公众可能不太喜欢《自然界的艺术形态》中的生物，也理解不了迈布里奇摄影作品中的技术，但毋庸置疑的是，读者可以享受其中的艺术魅力。不过，这并不意味着只吸引某一特定领域读者的专业书籍完全消失了。

当然，教科书算是非常专业的科学书籍了，而且从幼儿到研究生都有可以阅读的教科书。尽管这一时期大多数科学家还是通过在期刊上发表科学论文和同行交流信息，但有时他们也会进行深入的研究，以至于需要一本书来阐明他们的思想。

1899 年，德国数学家戴维·希尔伯特出版的著作《几何基础》就是在这样的环境下诞生的，它将欧几里得几何学加以整理，为其设置了现代起点。除此之外，1910—1913 年，英国数学家阿弗烈·诺夫·怀特海和英国哲学家伯特兰·罗素合作出版了 3 卷本《数学原理》。这本书的拉丁文标题（无疑是向牛顿致敬）是用英语写的，或者更现实地说，是用数学语言写的，因为这本书的写作目的本就是从最基本的形式构建数学结构——从符号逻辑中的一组简单假设（公理）开始，尽可能多地构建数学的层次结构。

也许《数学原理》最有趣的地方在于，最后一页上出现了这样一句话：

阿弗烈·诺夫·怀特海和伯特兰·罗素
《数学原理》，1913 年

怀特海和罗素的著作第三卷的标题页（左），1925 年的怀特海（中）和 1927 年《名利场》杂志上罗素的肖像（右）。

"从这个命题可以得出，当算术加法被定义后，1+1=2。"而这本书用了 379 页才得出这一结论，考虑到这一点，在第三卷的结尾，作者认为他们是失败的，因为他们意识到书中能写下的内容实在太少了。具有讽刺意味的是，到了 1931 年的时候，奥地利数学家库尔特·哥德尔就证明了算术逻辑系统的"不完全性定理"。（即使把初等数论形式化之后，在这个形式的演绎系统中也总可以找出一个合理的命题来，在该系统中既无法证明它为真，也无法证明它为假。）也就是说，这样一本书绝不可能将数学全部涵盖进去。尽管如此，《数学原理》仍然是数学哲学史上具有里程碑意义的一部著作。

在《数学原理》最后一卷出版两年后，德国地球物理学家、气象学家阿尔弗雷德·魏格纳也出版了一本著作——《大陆和海洋的形成》，这本书因其思想远远领先于那个时代而显得格外有趣。1880 年，魏格纳出生于德国柏林，1915 年，《大陆和海洋的形成》首次出版。魏格纳在书中提出了一种新理论——"大陆漂移学说"，不过这个理论在他去世 20 年后（魏格纳于 1930 年去世），才被广泛接受。但从书中的内容来看，这一点也不奇怪，因为它的中心思想是：地球看似坚实的表面实际上是由漂移的超级大陆组成的。而在这以前，人们一直认为七大洲、四大洋是固定不变的。

魏格纳想法的出发点是不同的大陆板块，比如美洲、非洲和欧洲，可以像拼图游戏一样结合和分裂。他还指出有化石记录表明，现在被海洋隔开的大陆以前似乎是相连的。魏格纳提出，大陆漂移是非常缓慢的，但随着时间的推移，大陆可以结合在一起，也可以分裂开来。

魏格纳的理论在他生前未被接受的原因有很多。当时，魏格纳在气象学和格陵兰岛探险方面的工作比在地质学方面的工作更出名。他在一次格陵兰岛的科考工作中，由于极端恶劣的天气和物资耗尽不幸遇难。除此之外，魏格纳没有一个令人信服的假说来解释板块是如何进行漂移的，他甚至还将大陆漂移的速度高估了 100 倍。种种原因加起来，可以想象当时的人们为什么不相信"大陆漂移学说"。魏格纳死后，科学家意识到他的理论和科学家对地球运行方式日益加深的理解是如此吻合时，《大陆和海洋的形成》又重新引起人们的重视。

阿尔弗雷德·魏格纳
《大陆和海洋的形成》，
1920 年

《大陆和海洋的形成》第二
版的封面，其开创性的标题
提出了"大陆漂移学说"概
念，但在魏格纳有生之年，
他的理论并没有被世人接
受。这本书的第一版出版于
1915 年。

阿尔弗雷德·魏格纳
《大陆和海洋的形成》，
1920 年

《大陆和海洋的形成》第二
版中的插图，展示了大陆最
初是什么样子并怎样分裂开
来的。

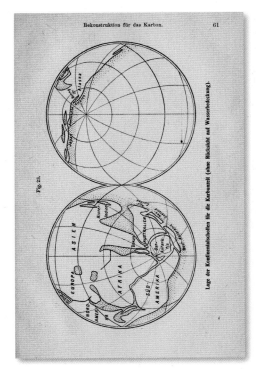

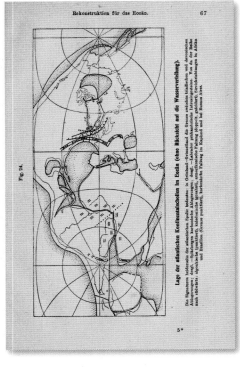

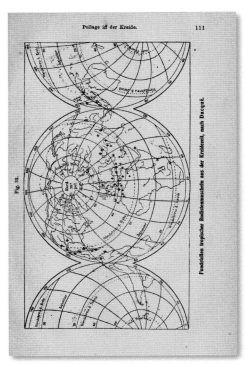

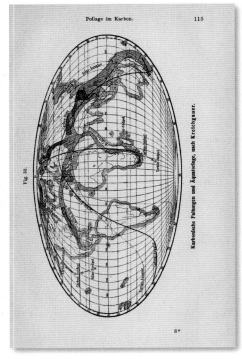

女性的缺席

在结束本章之前，我们需要重新审视女性在科学和科学写作中的地位。19 世纪时，一场缓慢的科学书籍革命正在进行，值得注意的是，这时由女性撰写的科学书籍仍然很少。如果我们看看 19 世纪伟大的英雄之一——查尔斯·达尔文所说的话，也许就能明白其中的原因。在达尔文的许多书中，尤其是《人类的由来及性选择》，他的观点和当时主流的观点一致——女性在智力方面不如男性（尽管达尔文本人在工作中得到了家庭女性成员的大量帮助）。他在书中写道："如果把诗歌、绘画、雕塑、音乐、历史、科学和哲学等领域最杰出的男性和女性列成两张名单，那么这两张名单永远无法相提并论。"

美国女作家安托瓦妮特·布朗·布莱克韦尔非常反对达尔文的观点。她曾将自己的第一本书《通识科学研究》寄给达尔文，也收到了达尔文非常积极的回应，但她发现这是因为达尔文以为她是男性。作为回应，布莱克韦尔在 1875 年写了一本名为《自然界中的性别》的书，直接挑战达尔文女性劣等的观念。不过，达尔文对此书的看法并没有被记录下来。

为了挽救达尔文的声誉，有人试图指出达尔文曾和女性有大量的信件来往，并且平等对待这些女性，没有认为她们的智力不如男性，但这一说法却与达尔文的做法大相径庭。1881 年，美国女性卡罗琳·肯纳德写信给达尔文，她震惊地发现达尔文的理论竟是证明女性地位低下的科学原理来源。她在信件中恳求达尔文："如果你的理论是错误的，那么以你的权威和影响力，你应该将它修正过来。"很显然，肯纳德希望达尔文能支持男女平等的理论。但是，达尔文却回复道："我承认女性在道德品质上普遍优于男性，但她们在智力方面确实比不过男性，对我而言，继承法则（如果我正确理解这个法则的话）似乎让女性很难在智力上和男性处于平等的地位。"达尔文认为，由于传统角色的原因，男性在演化过程中被迫进步得更快，而女性通常无法跟上这种演化节奏，尽管她们可能从男性血统中继承了一些积极的特征。

达尔文还认为，如果想实现男女平等，那么女性必须和男性一样成为养家糊口的人，但这可能会对孩子照顾不周，或者有损家庭的幸福。收到回信后，肯纳德非常愤怒地回复道，在大多数家庭中，女性都是要工作的，

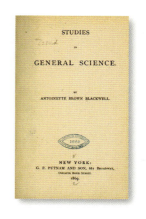

安托瓦妮特·布朗·布莱克韦尔
《通识科学研究》，1869 年

这是《通识科学研究》一书的标题页，达尔文（不知为何）看到这本书时就肯定地认为作者是男性。

只不过只被允许做卑贱的工作，但这都是她们所处的环境导致的，并不代表她们的能力仅限于此。

然而，不管达尔文和其他人的看法如何，到了19世纪末，这种局面已经慢慢发生改变了。世界各地越来越多大学的科学专业开始录取女性，女性也开始为科学写作作出贡献。但当时许多科学家并没有接受这一转变，所以这个过程注定是缓慢的。例如，1874年，当詹姆斯·克拉克·麦克斯韦在剑桥大学开设卡文迪许实验室时，他禁止女性进入。

更讽刺的是，麦克斯韦的妻子凯瑟琳曾积极参与丈夫的一些实验工作，但似乎让女性进入大学学习对麦克斯韦来说实在难以接受。19世纪70年代后期，麦克斯韦软化了态度，允许女性进入实验室。不过，他的助手威廉·加尼特解释道："当时麦克斯韦在苏格兰休息，他允许女性在他休长假期间进入实验室。趁他不在的时候，有一个女生在实验室完成了一门完整的电测量课程。"

到20世纪初，学术界已经出现了一批专业的女科学家了，玛丽·居里（见第180页）就是其中一位代表人物。1903年，玛丽·居里获得了诺贝尔物理学奖，成为第一位获得诺贝尔奖的女性。1911年，她又再次获得诺贝尔化学奖。不那么理想的是，截至2018年，除了居里夫人之外，只有两位女性获得了诺贝尔物理学奖，分别是德国物理学家玛丽亚·格佩特-梅耶（1963年获诺奖）和加拿大物理学家唐娜·斯特里克兰（2018年获诺奖）。科学的进步是缓慢的，然而它再慢也比不上科学写作对女性作家敞开大门的速度：在20世纪70年代之前，值得一提的女性科学作家的作品屈指可数。

尽管在20世纪时，女性尚未在学术界取得和男性一样的地位，但科学和科学书籍的写作方式都发生了翻天覆地的变化。

化学实验课，1907 年

女学生在伦敦巴特西理工学
院的实验室里。

后古典时期

世界翻天覆地变化

在许多科学领域，尤其是物理学和生物学领域，19世纪末标志着"古典时期"的结束。在20世纪之前，物理学的发展可以被看作一个建设性的过程，它始于文艺复兴时期，主要以伽利略和牛顿的研究成果为代表。但到20世纪，相对论和量子理论这对可怕的"孪生兄弟"的出现，改变了人们对一切事物的看法。

以前人们认为时间和空间是以固定和独立的形式绝对存在，而相对论表明，时间和空间是交织在一起的。这一理论的出现使得许多常识性的观念发现了转变，例如以前人们认为同一个物体的两种状态不可能存在于同一空间。万有引力从牛顿提出的神秘的超距作用变成了一种更合乎逻辑但又令人费解的时空扭曲。同样，量子物理也表明，光既可以表现为波，也可以表现为粒子，当量子粒子不与周围环境相互作用时也就失去了相干性，而这对宇宙的运行至关重要。现实不再被认为是牛顿视觉中的发条机制。

与此同时，生物学也从仅仅是对物种、解剖学和行为进行分类的过程转变成为一门完整的科学。这个转变过程始于进化论，但进入20世纪后，它背后的驱动力已经变成了遗传学——对基因组机制的逐渐理解促使DNA双螺旋结构的发现——以及越来越多化学成分融入生物学。分子生物学——从单个分子水平和细胞中发现的显著分子机器来理解生物学过程，已经成为一般生物学研究和医学的主要组成部分。

当然，这些变化主要体现在这一时期科学书籍的内容转变上，但正如我们在前一章中所看到的，这一时期的许多科学书籍都是为公众而编写。

现实的本质

20世纪最早的一些物理学著作都是由史上最著名的两位科学家写的——阿尔伯特·爱因斯坦和玛丽·居里（居里夫人）。1867年，居里夫人出生于波兰华沙，原名玛丽亚·斯克沃多夫斯卡。她不仅是诺贝尔奖获得者中为数不多的女性之一，更是生平获得两次诺贝尔奖的罕见人物之一（1903年获诺贝尔物理学奖，1911年获诺贝尔化学奖）。1910年，居里夫人出版了她的著作《放射性专论》，也就是在这本书出版一年后，她获得了诺贝尔化学奖。

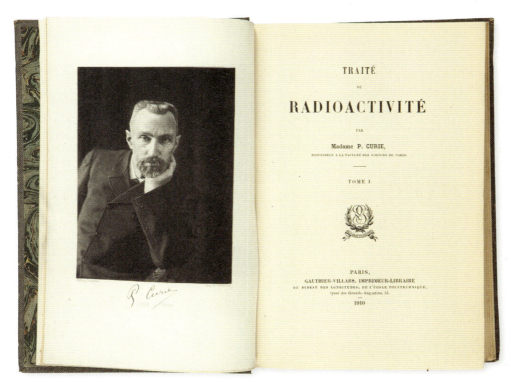

玛丽·居里
《放射性专论》，1910 年

玛丽·居里的书共两卷，这是第一卷的封面和标题页，相当奇怪地印有她丈夫皮埃尔·居里的照片。

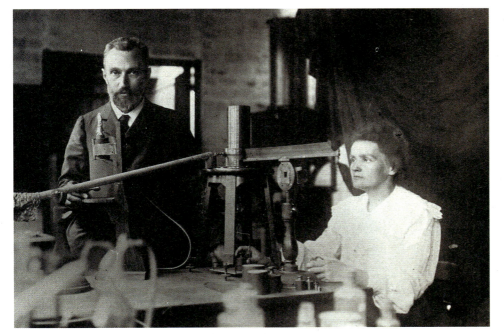

玛丽·居里和皮埃尔·居里，1904 年

居里夫妇正在他们位于巴黎居维叶街的实验室里工作。

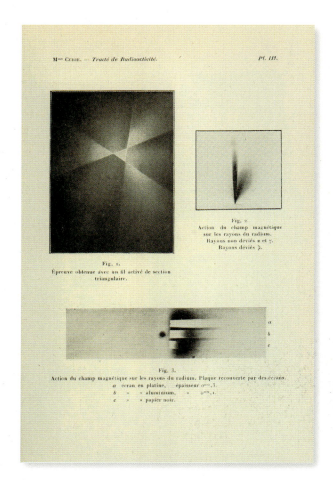

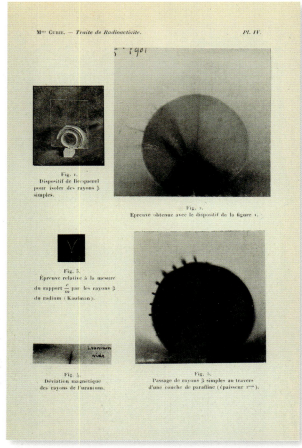

玛丽·居里
《放射性专论》，1910 年

第一卷（共 2 卷）的插图显示了磁场对"镭射线"的作用——镭衰变为氡产生阿尔法粒子。

自 19 世纪 90 年代法国物理学家亨利·贝克勒尔（与皮埃尔·居里和玛丽·居里共同获得 1903 年诺贝尔物理学奖）发现天然放射性以来，有关放射性的研究和课题迅速开展开来。这种进步可以从玛丽·居里 1903 年关于放射性的博士论文和之后的《放射性专论》的页码差距看出来，前者只有 142 页，而后者分为 2 卷，加起来近 1000 页。《放射性专论》试图将有关放射性的已知信息全部整合在一起，这本书在相关领域内被广泛阅读，在相关领域外似乎并没有引起讨论。然而涉及 20 世纪早期另一位名人阿尔伯特·爱因斯坦所写的东西，情况好像完全不一样了。

一些在媒体上非常活跃的现代科学家其实只能算是科学的传播者，因为他们可能在出名前，在自己的领域内几乎没什么成就，但爱因斯坦不一样。1879 年，爱因斯坦出生于德国乌尔姆市，直到 1905 年，他在学术上一直默默无闻。当时，他在瑞士伯尔尼专利局工作，一直没有转正。但在这

Chlorure de Radium pur.

Chlorure de Radium pur
additionné de 0,6% de chlorure de baryum.

玛丽·居里
《放射性专论》，1910 年

第二卷的一幅插图，显示了
氯化镭和含有少量氯化钡杂
质的氯化镭的光谱。

一年，他一共发表了 4 篇重要论文，其中一篇帮助他获得了 1921 年的诺贝尔物理学奖。

爱因斯坦的第一个贡献就是确定了分子的大小（从而为原子的存在提供了证据），帮助奠定了量子物理学的基础。在狭义相对论中，爱因斯坦又描述了空间和时间的关系，并证明了 $E=mc^2$（能量守恒定律）。在接下来的 12 年时间里，他又致力于完成他的重要理论——广义相对论，阐释了物质是如何使空间扭曲并产生引力的。他还预测了引力波的存在，并发展了一套全新的技术理论，为激光的发现奠定了理论基础。

除此之外，爱因斯坦还写了许多教科书，但在这个阶段，他的许多科学重大突破还是通过学术论文的形式传播给其他科学家。当然，他也出版了一些适合大众读者阅读的书籍，其中最著名的包括《狭义和广义相对论浅说》。

公众对爱因斯坦的理论非常感兴趣，很快，他出现在世界各地报纸的头版头条上。当爱因斯坦去一个城市发表演讲时，门票就和现在明星开演唱会的门票一样，很快就售完了。英国著名科学杂志《自然》对这本书的反响给予了肯定：

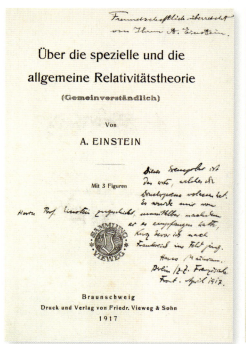
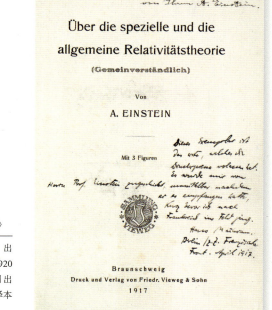

阿尔伯特·爱因斯坦
《狭义和广义相对论浅说》

这本书的第一份副本，出版于 1917 年（左图）。1920 年，亨利·霍尔特公司出版了该书的第一版英文译本（右图）。

关于相对论及其含义的通俗阐述，自从天文学家宣布恒星证明了相对论的正确性以来，全世界都在赞扬爱因斯坦。这本书写得如此之好，吸引着大家迫切地想去阅读，并了解其中的真相。仿佛全世界都在讨论："什么是相对论？""欧几里得和牛顿怎么了？""恒星传达出了什么信息？"

阿尔伯特·爱因斯坦，1921 年

《自然》的书评中还写道，爱因斯坦应该在书中大量使用比喻，因为这本书的话题对大众读者来说还是太专业了。书评中提到欧几里得并不是随意为之，因为爱因斯坦在书的开头就提到了读者可能在学校里学习过欧几里得的理论，并以此引出相对论。尽管出发点和措辞是好的，但看起来还是有些像教科书的惯用开头，而不适合用在写给大众读者阅读的书中。尽管这本书是由提出这一理论的人写的，但他并没有介绍这一理论的诞生背景，直到读到 26 页，读者才能通过火车和闪电的例子理解这一理论的含义。尽管如此，这本书还是非常受欢迎，可以说，读者对它的喜欢甚至超过了史蒂芬·霍金的《时间简史》。

不过好在，爱因斯坦最伟大的支持者之一——英国物理学家亚瑟·爱丁顿，对相对论和当时现代物理学的其他理论进行了更加通俗易懂的阐释。1882 年，爱丁顿出生于英国肯德尔，他是一名天体物理学家，多亏了他，我们才能对恒星有今天的了解。对于当时的英国公众来说，爱丁顿就是他们眼中的明星科学传播者。爱丁顿一直是爱因斯坦的支持者，1919 年，他还带领一支天文考察队去观测日食，以验证爱因斯坦的广义相对论。

1919 年 11 月 6 日，爱丁顿在英国皇家学会发表演讲，指出他在日全食期间观测到的星光偏折角度与爱因斯坦的理论符合，这是人类首次通过观测证实广义相对论的预言。这个结论也轰动了世界，爱因斯坦立即被大众视为超越牛顿的伟大物理学家。可以说，是爱丁顿将爱因斯坦推上了神坛。

尽管当时很多普及科学的科学家都招致同行的不满，但爱丁顿还是为公众写了很多书。他最著名的作品要数 1928 年出版的《物质世界的本质》，这本书用了许多他电台演讲中的材料。爱丁顿写的书如此受大众读者欢迎是因为他深知给读者提供相关背景的重要性，这对之后的科学家来说很有借鉴意义，而这个问题至今也经常被忽视。爱丁顿不会简单地提出一个科学理论，而是要考虑到哲学甚至神学范畴——从当时的文化背景来说，这很重要。他还喜欢引用经典文学作品，用一种幽默的方式传达科学信息。

兰斯洛特·霍格本
《大众数学》，1936 年

《大众数学》一炮打响，成
为当时的畅销书，在该书出
版的当年，即 1936 年，就
加印了 6 次，这是第 4 次加
印时的封面。

亚瑟·爱丁顿
《物质世界的本质》，1935 年

亚瑟·爱丁顿的这本畅销书
于 1928 年由剑桥大学出版
社首次出版。

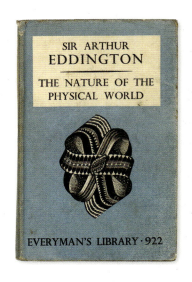

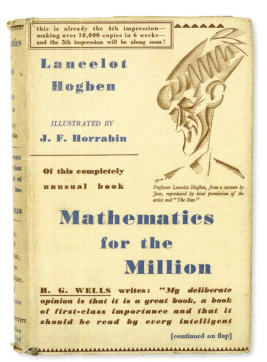

而且，爱丁顿也是最早意识到伽利略的科学写作方法比牛顿的要好得多的
现代科学家之一。

不谦虚的数学家

由于数学问题总是很棘手，所以爱丁顿尽量避免在他的书中出现数学
的内容。但在爱丁顿还很活跃的时候，一本书的出现完全解决了数学上的问
题。这本书名叫《大众数学》，作者是英国作家、动物学家兰斯洛特·霍格
本。正如标题所写，霍格本毫不掩饰自己想要为大众科普数学的愿望。1895
年，霍格本出生于英国朴次茅斯，他对统计学特别感兴趣。霍格本有一个小
小的愿望，就是希望全英国人的数学水平都能达到初中或高中的水平。

出版于 1936 年的《大众数学》是有史以来最奇怪的数学书之一。和其
他科学书籍不同的是，书中写到了这本书是如何诞生的。当时，霍格本正
和美国出版商威廉·沃德·诺顿在伦敦一家餐厅共进午餐。诺顿对霍格本
坦言道："如果有一本数学书籍对数学的贡献能像威尔斯的《世界史纲》对

世界史作出的贡献那么大的话，估计会卖得很好。"

但诺顿没有提出让霍格本写这本新书，而是希望他能说服哲学家伯特兰·罗素来写。霍格本暗示道，罗素写的书，大众可能很难理解，随后透露，他自己已经写好了诺顿想要的书。在诺顿住院的时间里，为了消磨时间，霍格本写下了这本书，但他没有将这本书出版。因为当时霍格本还不是英国皇家学会的会员（只是候选人），而且许多会员已经对非会员的作家去普及科学的做法非常不满。有些讽刺的是，学会每年都会为公众撰写的科学书籍颁奖。而霍格本遇到诺顿的时候，他已经取得了会员席位，所以他可以将这本书出版了。

霍格本以一种特殊的、有时甚至是有些冗长的风格，从数学在历史上的应用方式来解释其基本原理。例如，他通过向读者展示古埃及建筑师可能会如何利用几何来引入几何的概念，又通过古人是如何利用星星导航来引出三角函数。虽然他的书是针对大众读者的，但也包含了许多科学知识。这本书中有大量数学练习，显然霍格本希望读者能通过阅读这本书提升数学水平。而这本书最大的进步在于它的历史背景，以及霍格本意识到没有必要使劲钻研欧几里得的理论（在《大众数学》出版很长一段时间后，还是很多人继续这样做）。霍格本在书中只是简单地讲解了几何学的基本知识，然后就继续往下讲别的数学问题了。

霍格本是一位受人尊敬的科学家，尽管他的书的主题与他的日常活动相距甚远。奇怪的是，霍格本最了解的应该是数学统计学，但在《大众数学》这本书中，统计学只占了很小一部分比例，这可能是因为统计学在当时学校的教学大纲里并不是很重要。

莱纳斯·鲍林
《化学键的本质》，1939 年

鲍林检查水晶的照片，以及1939 年他出版的书的广告。

化学难题

与此同时，在大洋的另一边，一位美国化学家正在为化学键（不同元素连接在一起形成更大的结构和化合物的机制）作出贡献。1901 年，莱纳斯·鲍林出生于美国波特兰，他获得过诺贝尔化学奖和诺贝尔和平奖，是世界上仅有的 4 位两次获得诺贝尔奖的人物之一。他研究的内容主导着生物学，是现代化学和分子生物学的基础，使细胞中的复杂分子机制都可能

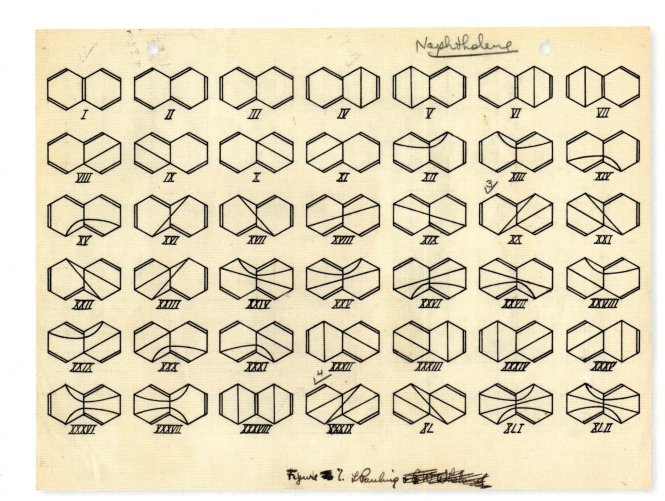

莱纳斯·鲍林
《化学键的本质》，1939 年
鲍林为他的书籍提供的关于萘的参考插图。

发挥作用。

尽管鲍林晚年宣扬的理论没什么科学依据，例如他呼吁人们大剂量服用维生素 C 来对抗感冒和流感，但他对化学作出的巨大贡献是毋庸置疑的。鲍林一生中写了很多书，但他写给大众读者阅读的大部分书都是关于他的古怪想法的，其中与他的职业最相关的书是 1939 年出版的《化学键的本质》。这本书以他 1931 年获得诺贝尔奖的论文为基础，还增加了许多他对分子结构的想法。

《化学键的本质》也是一本教科书，它是 20 世纪中叶最具广泛影响力的科学书中的一个特例，因为这本书是一本得到全世界认可的教科书。鲍林在书中还写了不少自己的发现，这在教科书中是非常少见的。和同时期的几本著作相比，这本书与詹姆斯·克拉克·麦克斯韦和前几个世纪的科

166   *Complex Bond Orbitals*

TABLE 5-3.—OBSERVED MAGNETIC MOMENTS OF OCTAHEDRAL COMPLEXES OF TRANSITION ELEMENTS[a]

have been investigated are hyperligated except that with fluorine, $[CoF_6]^{---}$, which is hypoligated. It is interesting that in the sequence $[Co(NH_3)_6]^{+++}$, $[Co(NH_3)_3F_3]$, $[CoF_6]^{---}$ the transition from hyperligation to hypoligation occurs between the second and third complex.

Bipositive cobalt forms hypoligating bonds with water and hyperligating bonds with nitrite groups.[47]

5-5   *Magnetic Moments of Octahedral Complexes*   167

The magnetic method cannot be applied to tripositive chromium, the structures of the two extreme types having the same number of unpaired electrons and entering into resonance with each other. The chemical properties of the chromium complexes indicate that chromium, like the other iron-group elements, forms hyperligating bonds

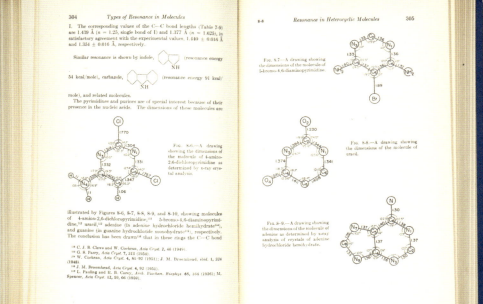

FIG. 5-10.—A drawing representing the front half of the cubic unit of structure of the crystal prussian blue, $KFeFe(CN)_6 \cdot H_2O$. The structure can be described by reference to the eight small cubes that constitute the cubic unit of structure. Alternate corners of the small cubes are occupied by iron(II) and iron(III) atoms. The cyanide groups lie along the edges of the small cubes; each cyanide group forms a single bond with two iron atoms, defining the edge of the cube. Water molecules and potassium ions alternate at the centers of the small cubes. The structure can be described as a three-dimensional latticework of iron atoms and cyanide groups defining cubical cells that contain the water molecules and potassium ions.

with groups such as cyanide and hypoligating bonds with water and ammonia.[48] The complexes of the iron-group elements are discussed further in Section 9-7.

304   *Types of Resonance in Molecules*

I. The corresponding values of the C—C bond lengths (Table 7-9) are 1.439 Å ($n = 1.25$, single bond of I) and 1.377 Å ($n = 1.625$), in satisfactory agreement with the experimental values, 1.440 ± 0.016 Å and 1.354 ± 0.016 Å, respectively.

Similar resonance is shown by indole, (resonance energy 54 kcal/mole), carbazole, (resonance energy 91 kcal/mole), and related molecules.

The pyrimidines and purines are of special interest because of their presence in the nucleic acids. The dimensions of these molecules are

illustrated by Figures 8-6, 8-7, 8-8, 8-9, and 8-10, showing molecules of 4-amino-2,6-dichloropyrimidine,[12] 5-bromo-4,6-diaminopyrimidine,[13] uracil,[13] adenine (in adenine hydrochloride hemihydrate[14]), and guanine (in guanine hydrochloride monohydrate[14]), respectively. The conclusion has been drawn[15] that in these rings the C—C bond

8-6   *Resonance in Heterocyclic Molecules*   305

FIG. 8-6.—A drawing showing the dimensions of the molecule of 4-amino-2,6-dichloropyrimidine as determined by x-ray crystal analysis.

FIG. 8-7.—A drawing showing the dimensions of the molecule of 5-bromo-4,6-diaminopyrimidine.

FIG. 8-8.—A drawing showing the dimensions of the molecule of uracil.

FIG. 8-9.—A drawing showing the dimensions of the molecule of adenine as determined by x-ray analysis of crystals of adenine hydrochloride hemihydrate.

学家的著作有更多的相似之处，而与 20 世纪更常见、更有影响力的书不太相似，尽管这些书也是为大众读者所写。

奇怪的是，明明量子物理学对人们生活的影响远远超过相对论，但伟大的量子物理学家，例如丹麦物理学家尼尔斯·玻尔、德国物理学家沃纳·海森堡和奥地利物理学家埃尔温·薛定谔，他们写的书却并没有带来什么重大影响。真要选两本有影响的书出来的话，那就是 1964 年出版的薛定谔的《我的世界观》和 1989 年（此时海森堡已经去世 13 年了）出版的海森堡的《与爱因斯坦的相遇》。然而这两本书并不是平易近人的回忆录，而是关于科学方法和科学对社会的影响的著作，主要为学术读者而写。直到 20 世纪 80 年代，关于量子理论的书才正式进入公众的视野。薛定谔写了一本著作，受到了读者的广泛赞扬。这本书就是《生命是什么？》，于 1944 年用英语写成。

1887 年，物理学家埃尔温·薛定谔出生于奥地利维也纳。从 20 世纪 20 年代开始，他就是量子物理学的领军人物之一，并于 1933 年获得诺贝尔物理学奖。由于反对纳粹政权，他在自己的国家受到迫害，于是 1940 年他来到爱尔兰，在都柏林继续工作，直到 1955 年退休。许多人可能听到薛定谔这个名字，就会想到他的著名实验"薛定谔的猫"，而大部分物理学家则会想到他描述量子粒子行为的方程。在《生命是什么？》这本书中，薛定谔将物理学和生物学联系起来，虽然这本书是针对大众读者而写，但他自己认为书中的内容大部分还是太专业了，对普通读者来说还是难以理解。

这本书以薛定谔在都柏林的一系列讲座为基础，探讨了当时生物学家遇到的一个关键难题。当时的科学家意识到，遗传信息以某种方式通过染色体传递，染色体则是细胞内发现的一系列微小斑点。薛定谔认为遗传物质肯定是一种特殊类型的分子，他称之为"非周期性晶体"。我们所熟悉的大多数晶体，如钻石，都有简单重复的分子结构。但薛定谔提出，要想发生遗传，这类晶体既具有和标准晶体类似的重复分子结构，但又经过某种调整，在重复单位之间有不同的区间或周期。（想想一本书如果和传统的晶体一样，那么它通篇估计都是 ABA、ABA、ABA、ABA。）后来，这一分子被确定为 DNA，而其非周期性结构的发现，构成了 20 世纪另一本重要著作《双螺旋》（详见第 205—206 页）的基础。

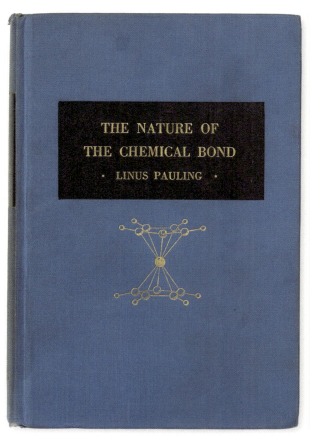

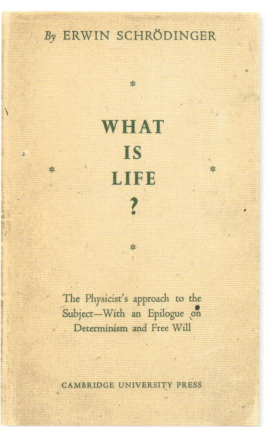

人类和动物的行为研究

　　除了《生命是什么？》，这一时期的另一本书也对一个更为复杂的现象进行了简单的阐释。在加拿大科学家唐纳德·赫布于 1949 年出版的著作《行为的组织》中，他探讨的主题不是生命，而是大脑。作为一名心理学家，赫布是最早探索大脑神经元之间的相互作用如何影响人类行为的科学家之一。

　　"赫布理论"是赫布对学术界最大的贡献，这一理论表明，只要两个神经细胞总是差不多同时被激发，那么它们之间的联系就会被增强，形成一种导致学习的模式。这个理论的突破在于，赫布意识到了学习导致大脑结构的物理变化，这是以前人类没有意识到的。这本书是写给相关专业的人阅读的，但它不是传统意义上的教科书，更像是一本对早期学习方法的回溯，一本用来和同行分享新的科学思想的书籍。

　　与《行为的组织》相比，有一本书的内容明显更加难以让读者理解，

莱纳斯·鲍林
《化学键的本质》，1960 年

这是《化学键的本质》的第三版，第一版出版于1939年。

埃尔温·薛定谔
《生命是什么？》，1944 年

薛定谔极具影响力的书籍的封面。

该书作者的成就现在有时被人们对他的政治观点的反对所湮没。（不过公平地说，他的书籍明显不如亚瑟·爱丁顿和伽利略的书籍简单易懂。）1903年，奥地利动物学家康拉德·劳伦兹出生于维也纳，他主攻动物行为学，并于1973年获得诺贝尔生理学或医学奖。和赫布一样，劳伦兹也研究行为，但他的研究对象是动物。

劳伦兹并不是第二次世界大战中唯一支持纳粹政权的科学家。例如，第二次世界大战期间，劳伦兹的许多物理学同事都准备逃离德国，然而海森堡却留下来负责管理德国的核武器开发项目。但劳伦兹并不只是支持纳粹政权，他还发表了许多支持纳粹种族主义的论文，并为"种族政策办公室"工作。

抛开他的政治观点，劳伦兹写的关于动物行为的书籍非常受欢迎，尤其是1949年出版的《与鸟兽虫鱼的亲密对话》，这本书享誉世界。1951年，这本书以英文标题《所罗门王的指环》出版。传说，所罗门王有一枚戒指，可以让他和动物对话。在书中，劳伦兹描述了他如何在家中饲养各种动物，以及如何了解到动物的行为和心理。他还提出了一个独创性的概念"印刻"，也就是说，动物在出生后不久，会从父母那里学习到一些行为。除此之外，这本书还用了一种新颖的方式来帮助公众更好地了解大脑活动。

康拉德·劳伦兹
《所罗门王的指环》

该书1953年由伦敦再版协会出版的英文版封面（左图），以及1963年再版的德文版封面（右图）。

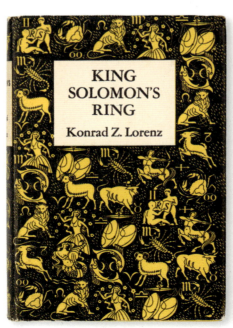

逐渐哲学化

一定程度上来说，薛定谔的《生命是什么？》和赫布的《行为的组织》都受到了公众的喜爱，即使它们可能更受其他科学家的重视。然而，有些读者却认为，和1962年出版的《科学革命的结构》相比，这两本书读起来确实更加简单易懂。《科学革命的结构》的作者是1922年出生于美国俄亥俄州辛辛那提市的托马斯·库恩。这本书是写给专业人士的，而非大众读者。

库恩的书并不仅仅谈论科学本身，还包含许多科学哲学的话题。为了更好地理解这个问题，我们可以先来看看科学哲学的经典著作——哲学家卡尔·波普尔的《科学发现的逻辑》。1902年，波普尔出生于奥地利维也纳。1937年，他移民至新西兰，后来又迁居英国，他的大部分学术生涯都是在英国度过的。1934年，他用德文写下了《科学发现的逻辑》，不过大部分读者阅读的都是1959年的英文翻译版。

波普尔认为科学过程的核心是能够对一个命题进行证伪。对于他来说，所有科学都不能涉及不可被证伪的陈述。波普尔认为，没有一个普遍科学陈述可以从观察陈述推演出来，或者可以描述为观察陈述的真理函项。举

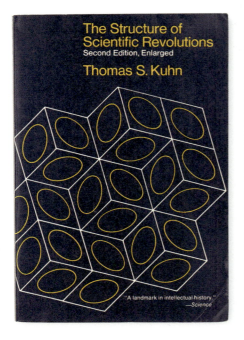

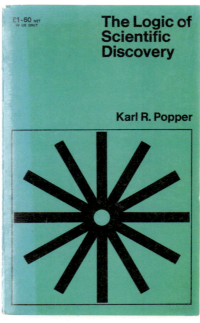

托马斯·库恩
《科学革命的结构》，1970年

托马斯·库恩的畅销书于1970年再版时的封面，这本书最初于1962年出版。

卡尔·波普尔
《科学发现的逻辑》，1972年

《科学发现的逻辑》1934年英文版第6次印刷时的封面。

一个最经典例子，欧洲人曾通过观察得出"所有的天鹅都是白色的"这个结论。然而如果某一天，科学家在澳大利亚发现了一只黑色的天鹅，那么这个结论就可能被证伪。

波普尔的哲学观有点像地质学中的均变论。一些重大的变化，例如哥白尼的宇宙模型肯定会被证明是正确的，但波普尔认为，它们不是设计新理论、检验新理论并寻找机会证伪新理论的核心。为此，他提出了一个新的概念——"范式转移"。

所谓"范式转移"，是指一个领域里出现新的学术成果，打破了原有的假设或者法则，从而迫使人们对本学科的很多基本理论做出根本性的修正。库恩提出，范式转移涉及科学家看待世界的方式的重大变化，以至于他们的话不再具有相同的意义。库恩强调，每个人的科学观点可能都受到主观的影响，这意味着在牛顿和爱因斯坦都提到"引力"时，他们指的可能不是同一事物。根据库恩的说法，这不仅仅是因为不同的时代对同一现实的理解发生了变化，库恩认为现实本身就在范式转移中发生了改变。

很少有科学家或公众真正地接受（或意识到）库恩的理论，因为我们总是以不同的方式看待同一个宇宙。尽管如此，库恩的工作对科学时代精神的影响也是不可低估的，因为他改变了我们看待科学史的方式。根据统计，《科学发现的逻辑》卖出了100多万册。这表明，尽管这本书的内容非常专业，但它的覆盖面远远超出了科学哲学家甚至科学家的范畴，进入了更广阔的大众市场。

环境平衡

如果说托马斯·库恩的书对学术界产生了巨大的影响，那么1962年出版的另一本书则对世界产生了更大的影响，因为它将一个相对较新的科学话题带入了公众的视野——环境保护。这本书将改变政府的一些政策，提高公众的环保意识。更重要的是，这本书是一位女性写的。

这本书的作者是美国海洋生物学家蕾切尔·卡森，她于1907年出生于美国宾夕法尼亚州的斯普林达尔，在1962年出版《寂静的春天》之前，她已经出版了两本关于海洋生物的书籍，并取得了很大的成功。《寂静的春天》

A PENGUIN BOOK

Rachel Carson

'... what we have to face is not an occasional dose of poison which has accidentally got into some article of food, but a persistent and continuous poisoning of the whole human environment...'

Silent Spring

蕾切尔·卡森
《寂静的春天》，1971 年

《寂静的春天》从 1962 年首次出版以来，就一直在不断加印。但在企鹅出版社出版这本书之前，滴滴涕的使用已经在减少了。

蕾切尔·卡森
《寂静的春天》，1971 年

《寂静的春天》被翻译成 32
种语言，在世界各地出版，
这是该书的意大利语译本。

旨在告诉大众杀虫剂滴滴涕对鸟类的危害。卡森认为，如果人类继续使用滴滴涕，那么未来迎接春天到来的将不再是鸟鸣，而是一片寂静。

与之前那些为公众所写的古板的、教科书式的科学书籍相比，卡森近乎诗意的写作风格是这本书吸引人的原因之一。尤其是在设想没有鸟类的未来时，书中写道："鸟儿，它们去哪里了？许多人对鸟类的消失感到困惑和不安。院子里的鸟类喂食站也废弃了。到处都是垂死的鸟，它们剧烈地颤抖着，却怎么也飞不起来。这是一个没有声音的春天。"

蕾切尔·卡森，1962 年

卡森在她家附近树林里拍摄的照片，是为了《时代》杂志而拍摄。

滴滴涕（双对氯苯基三氯乙烷）已被证明是一种效果显著的杀虫剂，极大降低了欧洲致命斑疹伤寒的发病率，并被世界卫生组织作为对付携带疟疾的蚊子的主要"武器"。然而，在卡森的书籍中，她呼吁人们减少对滴滴涕的使用。1963 年，也就是这本书出版后第二年，美国总统发起了一项民意调查，专门调查有多少美国公民从《寂静的春天》中获得了这一信息。1972 年，滴滴涕在美国被禁用。而且从那时开始，世界各地都在减少滴滴涕的使用。然而有些人却认为，自从滴滴涕被发明以来，它已经拯救了大约 2500 万人的生命，甚至还有一些人认为，如果不是《寂静的春天》，可能会有更多的人被拯救。因为当时每年仍然有超过 100 万人死于疟疾，而其中大部分是儿童。

事实上，卡森并没有建议完全禁用滴滴涕，而是建议相关人员对这种杀虫剂进行重新定位。《寂静的春天》出版时，滴滴涕被肆意用作农业杀虫剂，而这才是问题所在。滴滴涕对环境的影响不应该被忽视。例如，在美国禁止使用滴滴涕后，原本濒危灭绝的秃鹰数量上升了。在小范围内使用滴滴涕确实可以有效消灭蚊虫。但对滴滴涕的强烈抵制，也使得人们在蚊子变得更随处可见之前，错过了用它消灭害虫的机会。

尽管卡森并没有建议禁用滴滴涕，但整本书的基调是很情绪化的，她在书中写道："有人能相信在地球上投放如此大剂量的毒药，而它不会伤害其他生命吗？它们不应该叫作杀虫剂，而应叫杀生剂。"《寂静的春天》中这些批判有力地遏制了滴滴涕的广泛使用。

毫无疑问，《寂静的春天》标志着一种全新科学书的到来。这本书虽然是一位科学家所写，但它讨论的话题已经远远超过了卡森的专业领域。卡森为科学写作带来了一种新的写作方法，即通过讲故事的方式，让读者能够继续读下去，而这种写作方法很快就会被应用在其他科学书籍中。

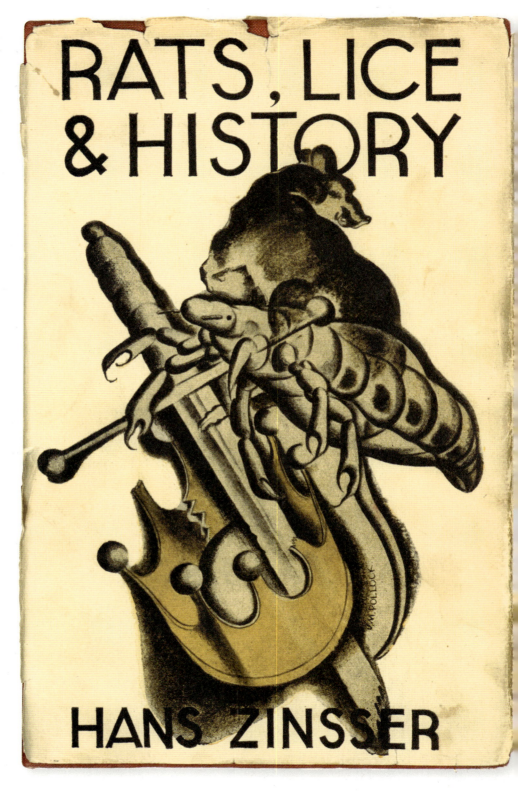

有趣的是，滴滴涕最大的成功之一是在欧洲根除了斑疹伤寒，在另一本更早的科学书里也提到过这种可怕的传染病，这本书就是《老鼠、虱子和历史》。1878 年，美国细菌学家汉斯·辛瑟尔出生于美国纽约，他分离出了斑疹伤寒杆菌（不要和伤寒混淆，斑疹伤寒是一种传染病）。这本书于1935 年出版，作者汉斯·辛瑟尔从生物学和历史学的角度，讲述了人类的敌人"传染病"从古代到 20 世纪的变迁史。

辛瑟尔在书中花时间讨论了什么是传记，并声称他自己就是在写一本关于疾病的传记，因为他坚持认为他的书不应该被视为科普书。（然而事实上这本书就是一本科普书。）他暴躁地指出："许多科学家试图在书中将我们引入大众科学之中，这是一种我们厌恶并竭力避免的方式。"可能辛瑟尔心中的"大众科学"是 20 世纪早期那些科学书。他希望他的书是与众不同的，并能如读者所期望的那样，给出一个正确的观点。

结果，辛瑟尔在书中迷失了方向，他经常运用独特的、幽默的方式，甚至花费很长篇幅去讨论托马斯·斯特尔那斯·艾略特的作品。正因如此，《老鼠、虱子和历史》成了一本古怪但新颖的科普书，并证明了如果用一种更有趣、更大胆的方法向大众传播科学，会有怎样的效果。

弹奏邦戈的天才

卡森和辛瑟尔都为科学写作付出了巨大的努力，相比之下，美国物理学家理查德·费曼从未这样努力过，尽管他的每一本书都非常受欢迎。费曼是一位让大多数物理学家都尊敬的科学家，他于 1918 年出生于美国纽约。与法拉第和丁达尔一样，他最著名的书都源于他的演讲，而不是传统意义上的书。

费曼因其在量子电动力学方面的贡献，于 1965 年获得了诺贝尔物理学奖。费曼最受欢迎的一本书是 1985 年出版的自传——《别闹了，费曼先生！》。然而这本书并不是费曼写的，而是由费曼提供故事，传记作家拉尔夫·雷顿编写的。书中描述了从他打邦戈的冒险经历，到他在"曼哈顿计划"设计第一个原子弹时，撬开保险箱的事迹，尽管书中故事的真假有时会受到读者的质疑，但毫无疑问的是，这本书讲述了一个伟人背后有趣的

理查德·费曼
《费曼物理学讲义》，1966 年

一套费曼的"红皮书"的平
装书，在最初的精装版出版
后三年出版。上图是费曼于
1965 年在日内瓦欧洲核子
研究中心演讲的照片。

故事，也展示了除了伟大的科学发现之外，名人的另一面。

《别闹了，费曼先生！》出版于费曼去世前三年，算是费曼较晚出版的一本书。同年，他还出版了他影响力最大的科普书——《量子电动力学》。这本书以一系列费曼的公开讲座为基础，书的开头有一个很好的介绍，其中包括费曼的一些经典评论。例如：

> 你觉得我会试图给你解释让你明白吗？不，你不会明白的。那我为什么要给你解释你不明白的事情呢？你既然听不懂，那为什么要一直坐在这里呢？我的任务就是说服你不要因为听不懂就转身离开。你看，我的物理系学生也听不懂。这是因为我也不明白，没有一个人明白。

虽然这本书的许多内容比较专业，但它没有大篇幅诉诸数学来描述，而是采用了费曼典型的亲民风格。当费曼作为罗杰斯委员会的一员调查1986年"挑战者号"航天飞机灾难的原因时，也能看出他的性格。当时，费曼对委员会的官僚作风和调查方法感到不满，于是他自己收集了证据，在"挑战者号"的听证会上，把密封用的 O 形橡胶圈浸入冰水中，证明低温会让其失去弹性，进而造成燃料泄漏，从而导致航天飞机失事。

费曼的性格在他的许多书籍中都有所体现，其中最突出的书可能是1963年出版的《费曼物理学讲义》。这本书在物理学圈被称为"红皮书"（因为最初出版时封面是红色的），根据费曼在加利福尼亚理工学院讲课录音整理编辑的。值得一提的是，这本书光是英文版就售出了150多万册。

20 世纪 70 年代，当我还是剑桥大学物理系的本科生时，我和许多人一样，被费曼有趣的讲话方式和他在呈现大量材料时与众不同的方式所吸引。他写的东西并不总是那么容易理解，他很喜欢在书中提到数学，但每次只是简单地罗列一些众所周知的数学原理，并且都能在枯燥的教科书中找到。尽管如此，全世界的物理学家对"红皮书"的崇敬丝毫不减。

人类是攀升的动物

费曼的"红皮书"和英国作家德斯蒙德·莫利斯的通俗主义作品截然不同，但莫利斯也通过自己的方式证明了自己的影响力。1928 年，莫利斯出生于英国斯温顿，他是一位动物学家。莫利斯早期因主持自然电视节目而出名，最著名的一档节目是 20 世纪五六十年代的《动物园时间》系列。这个家庭电视节目每周更新一次，通过伦敦摄政公园动物园里的动物标本来探索自然世界。

莫利斯不仅在书名上颠覆了大众的认知，他写的内容更具颠覆性，而且这些书并不是我们认知中的那种"电视连续剧之书"。《裸猿》这本书从动物学的角度描述了人类。尽管从达尔文时代以来，学术界就普遍认为人类是从人猿演化而来，但莫利斯在书中直白地讨论了这一信息，并将这个信息带给了万千读者。这本书出版于 1967 年，当时"性革命"对很多人来说依然是难以接受的话题，而莫利斯不仅不避讳，还在书中公开讨论。这也是企鹅出版社因出版戴维·赫伯特·劳伦斯的《查泰莱夫人的情人》被公开起诉 7 年后，又一次出版具有敏感话题的书籍。时代是变化的，但在保守的英国，这种变化是很缓慢的。（即便在相对开放的美国，《裸猿》也是被学校图书馆撤下的少数书籍之一，因为这本书被认为是"反美、反基督教、反犹太教的肤浅书籍"。）光是《裸猿》的封面——一个男性、一个女性和一个孩子赤裸的后背，就足以将这本书列为不能在公共场合阅读的书了。

《裸猿》将进化引入对人类行为的解释中，这也是这本书对进化作出的重大贡献之一。进化在很大程度上被公众描述为解释生理变化的一种机制，但莫利斯认为，人类的社会活动、性行为、教育孩子的态度、有没有探索的冲动和战斗的倾向都可能受到进化的影响。

后来，莫利斯又创作了一系列作品，其中大部分可以被视为《裸猿》的续集，最出名的要数 1978 年出版的《人类行为观察》。这本大画幅、插图丰富的书籍将行为学主题发扬光大，始终将其和进化、生物学等相关知识联系起来，并配以全彩的插图。在一项实验中，研究人员向读者展示了两张看起来一模一样的脸，并要求读者判断哪一张更具吸引力。研究人员发现，大部分读者选的那张图片经过了修改，人脸的瞳孔被放大了，而这

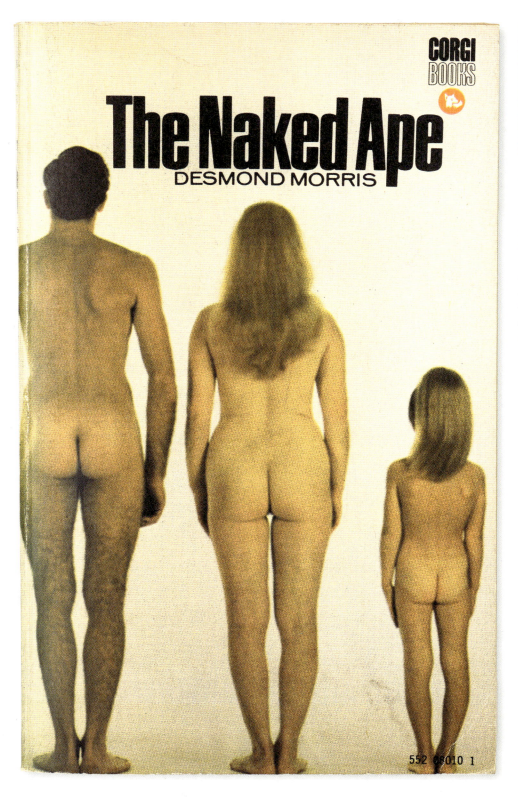

德斯蒙德·莫利斯
《裸猿》，1969 年

左图是 1967 年《裸猿》首次出版时的封面，这本书在当时引起了轰动（无论是其封面还是书中的内容），书中的有些观点即使放在现在也有一定的冲击力。上图是德斯蒙德·莫利斯（和他的朋友）在电视节目《动物园时间》中的照片。

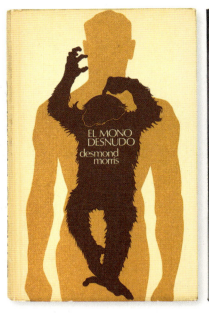

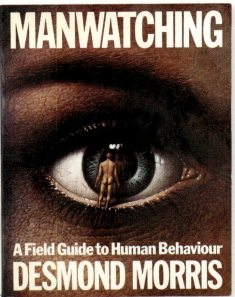

种的选择也表明了在面对物理信号时，读者的自然反应。《人类行为观察》的成功让莫利斯写了一系列衍生书籍，包括《肢体观》《人类观》《婴儿观察》，以及越来越离谱的《狗的观察》《猫的观察》《马的观察》和《动物观察》。

从书的尺寸和插图来看，《人类行为观察》给人的感觉就像一部"电视剧之书"，但事实并非如此。尽管有些书看起来确实很像剧院里华丽的节目，但不得不承认这些书写得非常成功，尤其值得一提的是 1973 年出版的《人类的攀升》。

1908 年，数学家雅各布·布洛诺夫斯基出生于波兰罗兹。这本书是在 BBC 的同名纪录片《人类的攀升》的基础上改编而成的，书中配了大量的彩色插图。布洛诺夫斯基在书中想表达的观点就是对人类成就的庆祝（书的标题有意模仿了达尔文的《人类的由来及性选择》），他清楚地表明，不能孤立地看待科学，而应该把科学视为人类文化发展的一部分。布洛诺夫斯基在书中展示了科学是如何从我们的文化和创造力中产生的，以及它是如何塑造我们的文化的：在很多方面，布洛诺夫斯基似乎在暗示，是科学让人类成为一类独特的物种。

布洛诺夫斯基指出，虽然德斯蒙德·莫利斯将人类归类为一种人猿的观点毫无疑问是正确的，但人类的科学成就使人类这个物种非常特别。他没

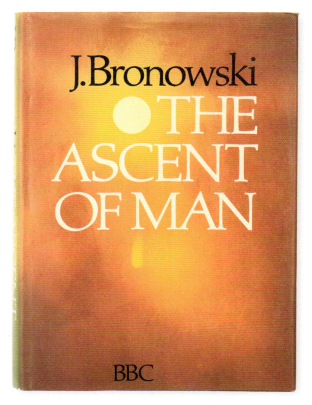
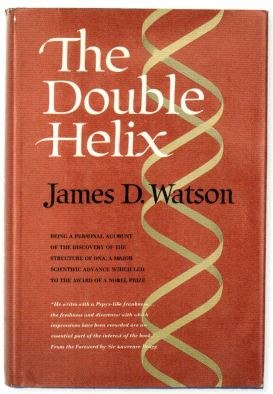

有对人类的能力给出一个乐观的评价，因为布洛诺夫斯基的很多家人在奥斯维辛集中营遇害，但他仍然能够庆祝科学及其发展的非凡成功，并把它们和艺术交织在一起。

生物学的核心

就在布洛诺夫斯基写作的时候，一本回顾 1953 年的一个重大科学发现的新书问世了。这本书就是 1968 年出版的《双螺旋》，作者是 DNA 结构的发现者之一詹姆斯·沃森。虽然 DNA 的双螺旋结构同它的作者一样引起了巨大的争论，但很少会有人质疑这本书在科学写作史上的重要性。

1928 年，分子生物学家詹姆斯·沃森出生在美国芝加哥，他是 1953 年破解 DNA 结构的四位科学家之一。他同英国生物学家弗朗西斯·克里克、英国物理化学家罗莎琳德·富兰克林以及新西兰物理学家莫里斯·威尔金

雅各布·布洛诺夫斯基
《人类的攀升》，1975 年

布洛诺夫斯基的这部令人印象深刻的书在 1973 年电视节目播出两年后才出版，封面平平无奇。

詹姆斯·沃森
《双螺旋》，1968 年

这本书首次采用谈话的形式描述科学发现的详细过程，自 1968 年首次出版以来，一直畅销不衰。

斯一起赢得了揭示 DNA 是怎样传递生物体的遗传信息的竞赛。他们发现了薛定谔在《生命是什么？》（详见第 191 页）里所预言的非周期结构存在于 4 种被称为碱基的化合物中，这些化合物像螺旋楼梯的横档一样，连接着 DNA 双螺旋结构的两端。

《双螺旋》不仅讲述了发现 DNA 双螺旋结构的故事，更重要的是，它使科学书与教科书的风格相去甚远。《寂静的春天》引起了一场论战，《双螺旋》则把科学发现写成了剧本。书中设计了一些人物，展示了科学家不计一切代价赢得竞赛的黑暗面，沃森把叙事置于科学书的核心层。对许多科普作家来说，这可能需要一段时间消化，但在《双螺旋》出版的 20 年里，许多伟大的科普作家都接受了叙事与内容同样重要这一观点。

当然，沃森参与了 20 世纪最为重大的科学发现之一，也是这一经历使他写出了如此成功的一本书。他还在《双螺旋》中强调，科学家在写自己的书时会面临一些危险。无论如何，DNA 双螺旋结构的发现在当时都充满了争议。由于诺贝尔单个奖项最多可以颁发给三个人，所以 1962 年的诺贝尔生理学或医学奖授予了沃森、克里克和威尔金斯三人，将富兰克林排除在外。碰巧的是，富兰克林在该奖项颁发之前就去世了，而诺贝尔奖从不追授。但也有人指出，就算富兰克林活了下来，以保守著称的诺贝尔奖委

詹姆斯·沃森
《双螺旋》，1968 年

《双螺旋》法语版的第一版。1953 年，沃森（左）和弗朗西斯·克里克在剑桥大学卡文迪许实验室讨论 DNA 结构的早期模型。

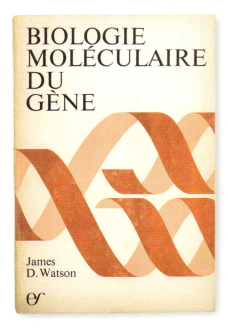

员会依然不会将此奖项颁发给她。

在剑桥大学工作的沃森和克里克，以及在伦敦工作的富兰克林和威尔金斯之间也发生过矛盾。当时，富兰克林和威尔金斯拍摄到了一张DNA的X射线晶体衍射照片，此时沃森和克里克也在剑桥大学研究DNA的结构，而威尔金斯在富兰克林并不知情的情况下，将这张照片给沃森和克里克看了。沃森在书中讲述这件事情时，没有保持客观的角度，站在他的立场来看，这件事情是他对。也正是这些事情让这本书读起来很有趣，但如果想了解事情全貌的话，可以再阅读一下威尔金斯2003年出版的《双螺旋的第三个人》和富兰克林的传记作者安妮·塞尔（由于富兰克林去世得太早，所以没能自己写成书）写的《富兰克林和DNA》，这本书于1975年出版，但是却被富兰克林的妹妹批评书中夸大了她所面临的性别歧视程度。

到20世纪60年代末时，社会的变革似乎导致写作风格的全面转变，大部分的书已经不再是以前古板的形式了。但这个转变过程还是需要时间，美国医学博士兼心理学家古斯塔夫·埃克斯坦的《身体有头》就是一本很好

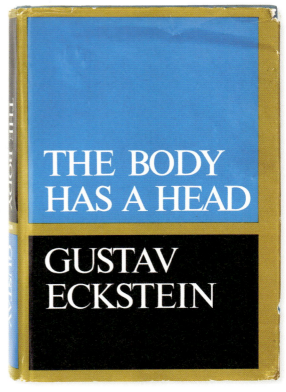

古斯塔夫·埃克斯坦
《身体有头》，1970年

左图为埃克斯坦在辛辛那提大学实验室里喂他最喜欢的鸽子小红的照片，右图为《身体有头》这本书的第一版封面。

的过渡作品。1890年，埃克斯坦出生于美国俄亥俄州辛辛那提，他的年龄正好处于过去和现代的交界处，在他1970年出书时，他意识到现代科学书需要一种新的写作方法。

在埃克斯坦对人体生理学的探索中，没有人可以说他是一位冷酷无情的人。他的作品中充满了华丽的辞藻，从来不会使用一个简单的词描绘。尽管如此，他有时在书中还是会从一件事情很快说到下一件事情。例如在书的前20页里，他就从最早的古希腊作家讲到了将身体描述为机器的时代。

埃克斯坦有时采用奇奇怪怪、断断续续的写作风格，这让他的作品看起来更接近诗歌而不是散文。他在书中对男性角色的第一句描述就说明了这一点："进城的是虚张声势的人，他有东西要卖。这是他的性格，或者说是他的幻想。攻击是他的生理机能。"可以看出，埃克斯坦是个怪人。他设法让自己写的剧本能在百老汇演出，但也有人说他写的东西是"反娱乐"的。参观过埃克斯坦实验室的人都知道，他总是在实验室里戴着一顶破旧的大草帽，他解释说戴帽子是为了保护他免受许多在实验室里自由飞翔的金丝雀的粪便的伤害。

以现在的目光来看，《身体有头》似乎就像一部年代剧。虽然这本书只比英国生物学家理查德·道金斯的《自私的基因》早出版7年，但书中关于遗传学的文字只有三行。尽管如此，这本书还是取得了巨大的成功，因为它将公众的兴趣和以前少有涉及的主题结合起来。这本书不仅帮助公众了解了人类生物学，还让其他科普作家看到科学书可以在多大程度上偏离传统的，甚至可以说是枯燥的写作风格。

与《身体有头》形成鲜明对比的是法国生物学家雅克·莫诺于1970年出版的《偶然性与必然性》。1910年，莫诺出生于法国巴黎，因为阐明基因如何通过指导酶的生物合成来调控细胞代谢，于1965年获得诺贝尔生理学或医学奖。莫诺在科学领域最广为人知的可能就是他的人文主义观点和将科学置于人类和世界互动前沿的哲学。《偶然性与必然性》在一些英语国家也很有名，例如理查德·道金斯在和丹尼尔·丹尼特探讨进化和遗传学的含义时，强调了进化是没有目标的，而是基于随机性——也就是莫诺书名中所指的"偶然性"。

莫诺在书中展示了随机突变是如何创造人类的，而不支持人类是由神创造出来这一说法。莫诺认为，进化过程的随机性意味着从较高层次进化

雅克·莫诺
《偶然性与必然性》，1970 年

右图为《偶然性与必然性》
的第一版的封面（突出强
调他于 1965 年获得诺贝尔
奖），上图是莫诺同年一张
非常呆板的摆拍照片。

到较低水平是完全有可能的。虽然这本书中的科学是正确的，但莫诺一直
以一种冰冷的、纯粹的态度宣传科学，尽管从科学层面来说，他的书远远
领先于埃克斯坦，但他缺乏埃克斯坦解决读者人性问题的能力。

水晶球

20 世纪中叶是科学和科学写作的剧变时期。20 世纪 70 年代，在有关
科学、历史、政治和经济的众多书籍中，一种全新主题的书籍出现了，它
就是未来学。自古以来，人类一直在寻求如何预测未来。虽然最初人类主
要依赖神秘学猜测未来，但这没有什么科学依据，而概率学和统计学的发
展使人类可以对未来会发生的事情作出最佳的预测。我们在下一章中会发
现，这些预测会受到许多条件的限制（详见第 226 页）。然而，这并没有阻
止大量试图描述人类未来命运的流行书籍出版。

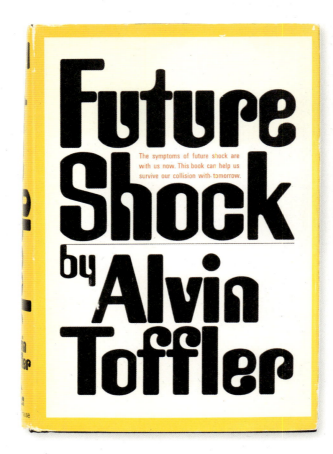

阿尔文·托夫勒
《未来的冲击》，1970 年

左图是《未来的冲击》第一版的封面，正是这本书使托夫勒成为媒体明星，右图是托夫勒在该书出版 10 年后于纽约拍摄的一张照片。

关于未来的书籍在 20 世纪 70 年代并不鲜见。19 世纪末，描述未来技术世界的书又开始流行开来，例如，英国小说家赫伯特·乔治·威尔斯在 1933 年出版的《未来世界》。在书中，他提出了他自己构想的"未来历史"。尽管这些书中的内容都是虚构的，但这些思想作为书籍出版依然引起了社会的广泛关注，这主要归功于另一本书——《未来的冲击》。

这本书由阿尔文·托夫勒所写，他是一位出生在美国纽约的作家和未来学家。他一生都在为公众普及"信息过载"这个词。《未来的冲击》在全球的销量超过 600 万册，受到全世界人民的喜爱。这本书的核心思想是：自工业革命以来，这个世界的迅速变化对人类来说是压倒性的，这一信息在另一本受托夫勒启发的书籍《冲击波骑士》中解释得更详细。然而，就像过去的许多预言家的著作一样，《未来的冲击》经不起时代的推敲。例如，托夫勒在书中构建了一个一次性的社会，未来女性将穿着一次性的裙子。但没有人预测到绿色理念会改变人们对一次性用品态度的转变，在撰写这本书时，一次性塑料用品还很受欢迎，而托夫勒也预测未来一次性用品将继续受欢迎。

这并不代表托夫勒的所有观点都是错误的，因为他最擅长的方面其实是信息技术。这本书的成功也展示了未来科学写作的大方向，即从强调科学的细节转变到将科学置于未来的背景之中。对托夫勒和其他受托夫勒影响的作者来说，背景不是过去，更不是现在，而是未来。

基因革命

由于对 DNA 的研究和基因的发现——这和孟德尔 100 多年前的预测相对应（详见第 152 页），公众对遗传学的兴趣在 20 世纪 70 年代飙升（这是托夫勒没有预见到的）。英国动物学家和进化生物学家理查德·道金斯的《自私的基因》正是在这样的背景下应运而生。

1941 年，道金斯出生于非洲肯尼亚奈洛比省内罗毕市，他现在更广为人知的身份是一位无神论者。2006 年，道金斯出版了另一本著名的书《上帝的错觉》。可能现在很多人已经遗忘 1976 年《自私的基因》出版时所带来的轰动。标题中的"自私的"一词有些被夸大了，道金斯认为基因是自私的，因为从基因的角度来看，生物只不过是为了确保基因生存的载体。然而，这本书更为重要之处在于，它复兴并改变了人们关于进化论的看法。

正如我们所看到的，达尔文的书在出版后基本没有什么负面反应。但由于道金斯是直言不讳的无神论的拥护者，所以他的书籍出版后，引起了宗教团体的强烈不满。多年来，道金斯一直担任牛津大学的科普教授。毫无疑问，他的书籍，如《自私的基因》，的确提高了公众对科学的理解，但他直言不讳的对抗性风格可能对部分公众造成了伤害。

即便如此，《自私的基因》给读者带去了最早的从进化论角度出发的基因观点之一（现在是看待进化的标准方式），而不是从物种的角度。物种是任意的标签，是为了便于与林奈提出的结构相适应而设计出来的（详见第 109—110 页），而基因是实际的物理差异。

在书中，道金斯还引入了"模因"这个词，这个词是道金斯发明的，用来表明在诸如语言、观念、信仰、行为方式等的传递过程中，与基因在

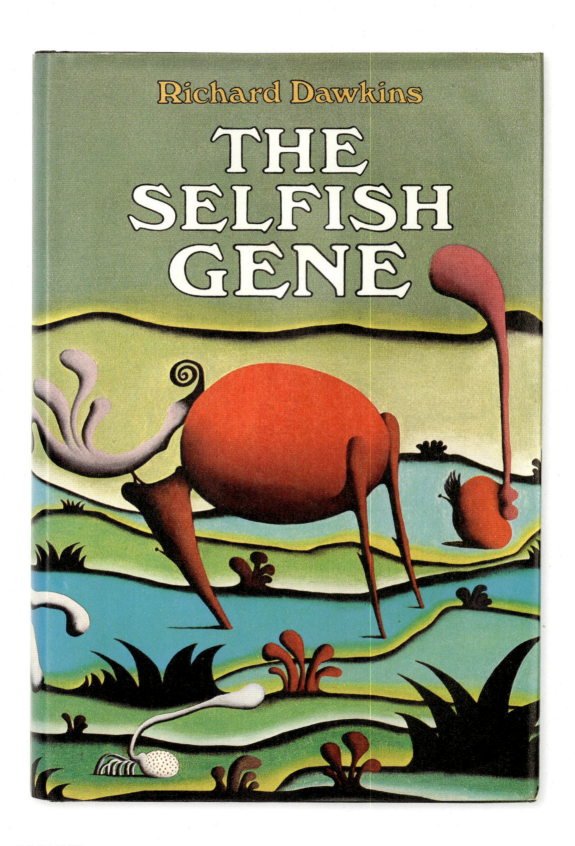

生物进化过程中所起的作用相类似的东西。他认为，人与人之间传递思想时，进化的方式与生物有机体相似（尽管要快得多）。现在，这个词已经不那么常用了，甚至已经被重新定义为描述带有诙谐文字说明的图片，这些图片在社交媒体上经常被使用。

在一些国家，《自私的基因》对公众的影响很大，在 2017 年英国皇家学会的一项民意调查中，这本书甚至被评选为有史以来最具影响力的科学书。正如我们所看到的，科学书的构成要素一直在变化，但很难相信的是，许多看似影响更深远的科学书却没有《自私的基因》更具影响力。

有时，道金斯被指责剥夺了大自然的乐趣。于是在 1998 年出版的《解析彩虹》中，道金斯有力地反驳了这一观点。这本书是继《自私的基因》之后，道金斯的又一本著作。书的标题指的是英国诗人约翰·济慈在他的诗歌《拉米亚》中的论点：

> 在接触冰冷的哲学的瞬间
>
> 世上所有的魅力难道还会不消失吗
>
> 天空中曾有一道令人敬畏的彩虹
>
> 我们知道了它的质地、它的纹理
>
> 它的出现反衬出每天的单调和无味
>
> 哲学夹住了天使的翅膀用规则和线条约束所有的奥秘
>
> 使萦绕天际的美丽和蕴藏的珍宝失色
>
> 使美丽的彩虹分崩离析

济慈认为，牛顿和其他哲学家通过解释彩虹并因此"解析"彩虹，使美好的事情变得乏味。但正如费曼等人所指出的那样，科学并非如此。科学不会阻止我们欣赏自然的美丽，反而可以通过理解科学增强人类的洞察力。这就是道金斯在《解析彩虹》中想要传达的信息。

理查德·道金斯
《自私的基因》，1976 年

《自私的基因》第一版的封面让人不禁想起那个时代的科幻小说的封面，似乎是故意这样设计，以此掩盖它是由一家学术出版社——牛津大学出版社出版的事实。

詹姆斯·洛夫洛克
《盖亚：对生命和地球的新看法》，1991 年

1979 年，这本书第一次出版，12 年后它的意大利语版出版。上图是 1980 年，洛夫洛克在他的花园里使用他发明的氟碳探测器的照片。

JAMES LOVELOCK
LE NUOVE ETÀ DI GAIA

BOLLATI BORINGHIERI

从盖亚到哥德尔

虽然道金斯呼吁人们理解科学的奇妙，但他很可能对在《自私的基因》出版几年后出版的书籍中所包含的一些精神含义感到不舒服。其中一本书就是《盖亚：对地球上生命的新看法》，作者是 1919 年出生于英国莱奇沃思的詹姆斯·洛夫洛克。这本书表达了他对地球环境的最新评估，再次向人类敲响警钟。虽然洛夫洛克用希腊大地女神的名字为这本书命名，但书中提到的"盖亚假说"是非常科学的。

洛夫洛克在为美国国家航空航天局（NASA）设计仪器时，提出了"盖亚假说"。他的一生充满传奇色彩。他曾因负担不起上学的费用，只能白天打工，晚上学习。凑到足够的钱后，他开始攻读化学学位。在第二次世界大战期间，他继续从事医学研究，并获得了医学博士学位。在这之后，他又成功将啮齿动物的体温降低到冰点，然后使它们恢复活力。后来，他为美国航空航天局工作，专门研究用于行星探索的仪器。洛夫洛克从未隶属于任何一所大学，他更喜欢自由地工作，像上一代自然哲学家那样。

20 世纪 60 年代，洛夫洛克在 NASA 参与火星生命探测任务时，开始构建"盖亚假说"。这一学说认为，整个地球（包括它的生物和非生物部分）作为一个自我调节的有生命的有机体，可以比作是一个单一的生物，就像身体的独立细胞共同作用形成一个单一的有机体一样。

当《盖亚：对地球上生命的新看法》出版时，它赢得了许多环保主义者的支持，他们支持书中所说的地球整个表面，包括所有生命（生物圈），构成一个自我调节的整体这一信息，尽管他们不一定会考虑到自我调节系统的含义，例如，活着的生物本身并不重要。然而，这一假说遭到了许多科学家（包括道金斯在内）的强烈批评，他指出，地球不像有机体那样在各部分之间拥有负反馈调节系统。

虽然"盖亚假说"作为一种科学理论的利弊确实会引起争论，但毫无疑问，《盖亚：对地球上生命的新看法》这本书对环保主义和环境科学都产生了巨大的影响。支持和反对"盖亚假说"的争论都太极端了——将地球描述为一个有机体可能太过夸张，但"盖亚假说"的反对者也忽视了将地球上的某些特征做出生物化的类比确实会带来一定的启发作用。

有一本书和《盖亚：对地球上生命的新看法》同年出版，就其未阅读完的读者比例而言，可以与史蒂芬·霍金的《时间简史》相媲美。这本书由 1945 年出生于美国纽约的认知科学教授道格拉斯·理查·郝夫斯台特所著，书名叫《哥德尔、艾舍尔、巴赫》，副标题"集异璧之大成"指的是对各种思想的全面融合。这本书因其思想的深度而受到赞扬，也因其近乎难以理解的内容而受到批评。

光是书的标题就告诉读者，这不是一本普通的科学书籍。标题指的是三位伟大人物：数学家哥德尔——证明了没有一个数学系统是完整的、版画家艾舍尔——因其绘画中的数学性而闻名、音乐家巴赫——以数学方法作曲而闻名。如果说布洛诺夫斯基在《人类的攀升》一书中为我们带来了科学和文化的融合，那么郝夫斯台特则让我们更深入地了解了学科在探索知识和系统本质时的融合。

尽管书中突出了三位大人物的经典作品，但这本书不是在试图寻找三位人物的共同点，而是将人类思想的所有领域结合在一起，从而理解人类的心理过程是如何工作的。这本书探索了思考的能力来自组成大脑的细胞的集合。作为一本科学书籍，书中在探讨哥德尔、艾舍尔和巴赫时，结构极为复杂，这可能是郝夫斯台特为了展现自己的聪明故意设计的。郝夫斯台特在书中玩弄叙事流程，呈现不同的讨论和谜题，很少帮助读者理顺信息。

回顾《哥德尔、艾舍尔、巴赫》，最有趣的方面或许是它的交流风格如何与科学写作的更广泛发展相适应。我们已经看到，自牛顿时代以来，科学书的内容如何从从业者之间的技术交流，转变为专家们以高高在上的态度屈尊与普通人沟通，这是 20 世纪初的典型，再到 70 年代刚刚开始出现的那种引人入胜的叙述。这些较新的作者了解如何进行良好的沟通——这是早期学术作者所缺乏的训练和经验。

相比之下，赫夫斯台特故意掩盖了他的信息，将一本科学书变成具有科学内容的艺术作品。在这方面，这本书是非常不寻常的。这不是一种能很好地传播科学的形式，但作为一篇文章，仍然是有意义的。也许唯一接近这种方法成功的书是美国作家大卫·福斯特·华莱士 1996 年的小说《无限诙谐》。虽然内容明显是虚构的，但它也借用了小说的形式，并引入了科学内容。

到 20 世纪 70 年代末，女科普作家写的科学书仍然比较少见。在科学

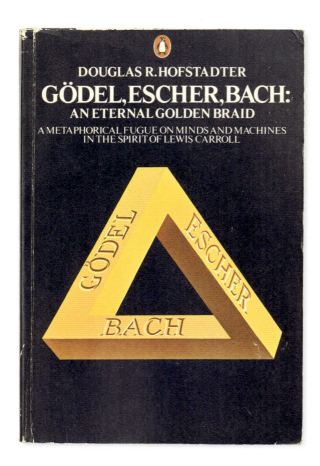

道格拉斯·理查·郝夫斯台特
《哥德尔、艾舍尔、巴赫——
集异璧之大成》，1984 年

在这本让人着迷和困惑的书
第一版出版五年后，企鹅出
版社出版的版本。

和科学写作方面，还没有发生重大的结构性变化。我的墙上挂着 1975 年卡文迪许实验室学生的照片，展示了剑桥大学物理学专业自然科学本科学位最后一年的所有学生。在大约 200 名学生中，可能有 6 名女性。同样，在 20 世纪 70 年代的美国，物理学、数学、计算机科学和工程学专业的学生中只有不到 15% 是女性。造成这种差异的原因已被广泛讨论，但似乎仍有一种强烈的文化假设，即一些学科更"适合"女性人才，一些学科更适合男性人才——这种假设已经远远落后于反驳它的数据。

生物科学领域的情况要好得多（例如，在 20 世纪 70 年代，美国生物学本科生中约有 40% 是女性，现在这一比例接近 60%），但考虑到科学作家往往要么是在职科学家，要么拥有科学学位，1980 年之前的绝大多数科学书都是由男性撰写的，这并不完全令人惊讶。不过值得庆幸的是，这种情况即将改变，我们将在下一章看到。

新一代

转化理解

进 入 20 世纪 80 年代,科学写作还在不断发展。这一时期,公众对科学的态度从崇拜转变为热爱但质疑。科学的重要性比以往任何时候都更为凸显,公众也想要看到更多科学发现背后的故事。在本章所涉及的时期内——从 20 世纪 80 年代到现在——许多最优秀的科学书都是由科学作家撰写的,而不是专业的科学家。到了此时,公众更容易理解的科学书逐渐崭露头角,科学书已经日趋成熟。

解读量子物理学

然而,让科学变得更易理解并不意味着科学写作将完全避开公众难以理解的主题(甚至是晦涩难懂的陈述)。一些旧学派仍然活跃,其中最活跃的莫过于反潮流的物理学家戴维·玻姆。1917 年,玻姆出生于美国宾夕法尼亚州巴尔小镇,他专攻量子物理学。他本来可以成为美国领先的科学家之一,但他的左翼政治观点使他成为麦卡锡时期的众议院反美活动委员会的目标。委员会要求玻姆为他在曼哈顿计划的同事对于美国的忠诚问题做证明,但玻姆拒绝作证。所以尽管玻姆对美国曼哈顿计划作出了贡献,美国联邦调查局还是对他提出了公诉。他只好在 1951 年移居巴西,后来移居以色列,最后在英国定居。

对于物理学家来说,玻姆最重要的书是他在 1965 年出版的一本教科书《狭义相对论》,然而他最具独创性的著作,也是吸引了许多读者的书,是在他晚年——1980 年出版的《整体性与隐缠序》。这本书以玻姆对量子理论的不同寻常的解释为基础,给出了宇宙整体运作的物理观点以及哲学观点。

量子物理学是唯一一个非常注重解释的科学领域。量子理论所涵盖的基础数学在预测电子、原子、分子和光子的行为方面非常精确。理查德·费曼曾说过,它是如此精确,就像计算从纽约到洛杉矶的距离和人类头发的宽度一样准确。但量子理论并没有对量子系统内部实际发生的事情进行描述和解释。物理学就像一个黑匣子,我们把数字放进去,转动手柄,得出正确的结果,但我们不知道为什么会出现这些结果。

从早期量子理论开始,物理学家就提出了一些解释,试图描述世界正在发生的事情。最早的,可能也是如今最常用的解释是哥本哈根解释,这一解释以丹麦量子物理学家尼尔斯·玻尔的家乡命名。哥本哈根解释强调，在粒子被观测到之前，科学家无法准确地说出在哪个位置一定能找到粒子，只能计算出在某个地方粒子出现的概率是多少。这种方法通常被称为"闭嘴算法"，但并不是每个科学家都支持哥本哈根解释。戴维·玻姆借鉴了法国量子物理学家路易斯·德布罗意的研究成果，他认为，每个粒子都有一个真实的（尽管有时候不知道具体在什么地方）位置，并且有一个相关的"导波"来引导它运动。

　　玻姆理论的局限性——也是它从未被广泛接受的原因是，它要求地球上一切都对宇宙的其他部分产生直接的影响。玻姆理论发挥作用的前提是宇宙必须是一个相互联系的整体，但这超越了爱因斯坦狭义相对论的光速限制。正是这一点促使玻姆写出了《整体性与隐缠序》，在这本书中他提出了现实有两个层次的观点：显现实，即我们通常经历的层次；隐现实，它

戴维·玻姆
《整体性和隐缠序》，1980 年

《整体性和隐缠序》的第一版，这一封面对这本书的销售没有任何帮助。

约翰·格里宾
《寻找薛定谔的猫》，1984 年

在格里宾的书出版之前，很少有人关注到量子物理学。

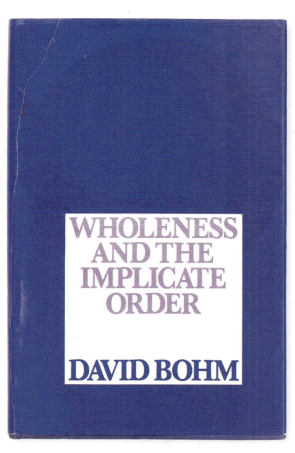

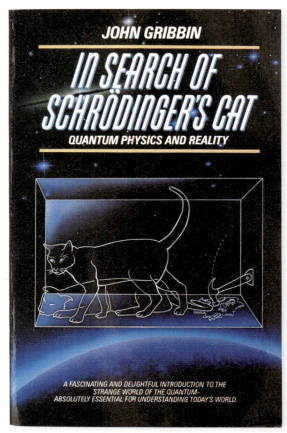

藏于一切事物之中，将一切联系在一起，是诸如意识这类尚无法解释的现象的主要原因。与郝夫斯台特在《哥德尔、艾舍尔、巴赫》（见第 216 页）中的观点相比，玻姆的思想更难被理解，但毫无疑问，这是一本影响深远的著作，其影响范围远远超出了物理学界。

玻姆的理论并没有探讨到量子物理学的本质，直到 21 世纪，这个话题才相对较少被提及。例如，费曼在《量子电动力学》（见第 201 页）中就提到了该话题，虽然只涵盖了很小一部分。然而在 1984 年，英国科学作家约翰·格里宾以其最著名的书《寻找薛定谔的猫》给量子物理学赋予了新的吸引力。与德斯蒙德·莫利斯和理查德·道金斯一样，格里宾最初是一名科学家，但后来成了一名科学作家，并且出版了许多书。直到今天，他仍然还在创作。书名中的猫指的是 1935 年奥地利物理学家埃尔温·薛定谔在思想实验中假想出来的一只猫。

"薛定谔的猫"的实验想法是为了突出一个叫作叠加的概念的奇异性。这意味着，一个量子粒子在被观察到之前不会处于任何一种状态，相反，它纯粹作为某种可能性的概率而存在。由此，薛定谔设想了一个实验，以猫为例，将猫放在一个盒子里，在这个盒子里还存在少量镭和氰化物，剧毒的氰化物也被存放在一个密闭的玻璃瓶中。而镭这种元素是很不稳定的，随着时间的推移有很大的概率会衰变，如果容器中的镭发生衰变的话，原来装有氰化物的玻璃瓶就会碎掉并释放毒气，从而导致猫咪被毒死。但在打开盒子之前（观察到粒子之前），我们不知道容器中的镭有没有发生衰变（它将处于衰变状态和未衰变状态的叠加状态）——这意味着在盒子打开之前，猫既活着又死亡。

实际上，这个概念早就过时了，不值得人们过度关注——但这只猫的形象很受欢迎，于是格里宾巧妙地将他的书与这一形象联系在一起。除此之外，他的书中还涵盖了更多关于量子物理学的内容。现在，格里宾的书很多时候被认为是科普书标准框架的早期例子之一。书中解释了许多科学概念，但更多是量子物理学的内容，基本上没有使用数学，且用了相当多的类比。格里宾将科学置于上下文中，并通过讲解一些科学历史，向读者罗列了促使这一理论形成的科学家以及他们是如何提出自己的想法的，从而激起读者极大的阅读兴趣。总的来说，《寻找薛定谔的猫》是一本典型的、简单易懂的科普读物。

奥利弗·萨克斯
《错把妻子当帽子》，1985 年
尽管萨克斯的书是一本毫无关联的论文合集，但由于他非常擅于讲故事，所以他的书引起了读者的共鸣。

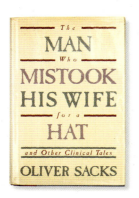

思想中的困惑

自 20 世纪 80 年代以来，在影响深远的图书中，有两个领域占据了主导地位：物理学和人文科学。继《寻找薛定谔的猫》出版两年后，又有一本经典的人文科学书出版了，这就是《错把妻子当帽子》。这本书由英国神经学家奥利弗·萨克斯撰写，书中利用我们对他人痛苦的兴趣，探讨了萨克斯的一些患者的案例。

与大多数成功的科学书不同，这本出版于 1985 年的书有点像一本论文集，每一篇论文都探讨了不同的案例研究，并且互相之间毫不相干。这些研究包含了一系列患有某种特定疾病的人，比如标题里涉及的视觉失认症（无法通过视觉识别物体）、无法记住第二次世界大战结束后发生的任何事情，以及患有自闭症的双胞胎的经历。萨克斯利用每个故事中的"奇异之处"来吸引读者，比如精神病病房里的患者对电视上播放的演讲的反应。

阿曼·莱罗
《异型人》，2005 年

这是企鹅出版社出版的《异型人》一书的封面，这本书最早是 2004 年由哈珀柯林斯出版。

奥利弗·萨克斯
《错把妻子当帽子》，1991 年

穆尼克出版社出版的西班牙语版本。

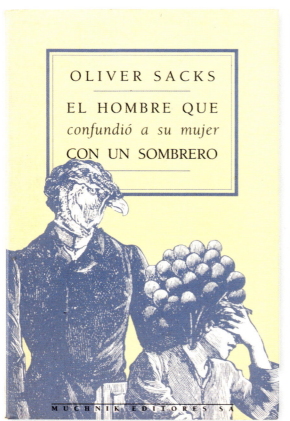

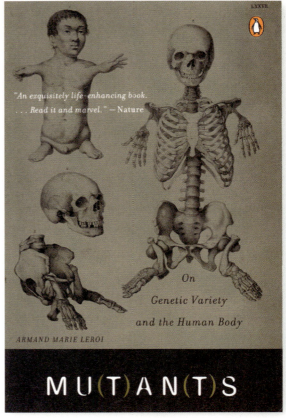

他写道，每位患者由于自身情况不同，从演讲中获得的要素信息也完全不同，所以反应也不相同。

但是，像这样的书在文学上等同于一场"怪诞秀"，会对书本身产生一些负面影响。进化生物学家阿曼·莱罗在2004年出版的《异型人》一书更是存在这种风险。该书以历史上被展示和诋毁的人类怪胎为例。为了避免这本书也成为"怪诞秀"，莱罗设法将这本书的重点放在人类的发展上，而不是列举的例子本身上。但在萨克斯的书中，要摆脱这一点就比较困难了，因为这本书的主题本身就和疾病有关。即便如此，萨克斯还是设法通过他的案例研究来解释大脑是如何运作的。其结果是，这本书吸引了比普通医学书更广泛的读者，成为一本畅销书。

科学故事和科学传奇

正如前面所提到的，DNA结构的发现者之一詹姆斯·沃森在1968年写了一本很受欢迎的书——《双螺旋》（见第205—206页）。《双螺旋》以故事和传记为主导，这种方法也即将成为美国最好的科普书的典型写作方法，而那时候欧洲的同类书籍则更倾向于以科学为主导。1987年，一本名为《混沌》的书籍出版，正是以记述人物故事为书写方法的典型代表，这本书是由美国科普主流人物詹姆斯·格里克所写，这也是他出版的第一本书。

格里克出生于美国纽约，他是学艺术的，没有什么科学背景，这显然与其他科学家不同。但这无疑有助于他在《混沌》的开篇中使用独特的故事作为开头："1974年，新墨西哥州洛斯阿拉莫斯小镇的一个警察在黑暗中徘徊，他有些担忧，但这样的日子夜复一夜，他香烟的红光在后街若隐若现。他将在穿透山顶稀薄空气的星光下踱步几个小时，哪里也不去。"这读起来有点像一部侦探小说的开头，而不像一本科普书的开头。如果说过去那种呆板的"向大众说教"似的科普方式已经被沃森和格里宾等人推到了一边，那么从这本书开始，这种科普方式已经完全被打破了。

《混沌》另一个令人印象深刻的地方是，它使数学变得可以接受。到目前为止，数学一直是一门实践性很强的学科，要么是通过一种方法或例

▶
詹姆斯·格里克
《混沌》，1987年

《混沌》第一版的封面非常引人注目。

JAMES GLEICK

CHAOS

MAKING A NEW SCIENCE

子来吸引读者，要么不幸成为科学的一种辅助手段，而且通常还让原本通俗易懂的书更难读懂。在《混沌》中，格里克表明，如果运用得当，数学也可以像其他科学一样吸引人。尽管数学仍然是最难让人理解的学科，但《混沌》提供了一个很好的典范，这也将使以后的数学书可以做得更好。

《混沌》一书的主题——即混沌理论，它的提出和发展在当时是很及时的。混沌在数学术语中的意思不是这个词的一般用法所指的无序、混乱。事实上，混沌系统也要求遵从明确的规则。然而，系统各部分之间的相互作用非常具有破坏性，有时候如果一个环节刚开始就出现细微的变化，那么就会对其后续的进展产生巨大的影响。这就是为什么天气预报想要做到准确是如此困难。事实上，混沌理论始于美国气象学家爱德华·罗伦兹——当时他决定重新运行一个早期的计算机天气预测系统，这个过程通常需要几个小时，所以他没有从最初的数据开始计算，而是使用了程序运行一段时间后输出的数值。然而，与内部实际的数值相比，计算机在输出过程中漏掉了几个小数位，而这微小的变化完全改变了罗伦兹的天气预测结果。

在格里克写这本书的时候，混沌理论似乎即将改变数学在科学书籍中的应用方式，而且数学将变得越来越重要（这并不奇怪，在《混沌》问世几年后拍摄的电影《侏罗纪公园》中，杰夫·高布伦饰演的怀疑论角色伊恩·马尔科姆博士就是混沌理论的专家）。碰巧的是，随着罗伦兹对天气预测的失败，人们意识到对混沌系统影响的认识非常重要，但格里克书中所预见的将其直接应用却没有实现。即便如此，《混沌》仍然是一本很好的书，关键是它将科学写作的发展推向了新的高度。

《混沌》出版第二年后，另一本对科普界产生了巨大影响的书也出版了，这本书的作者也随即成为媒体明星。这本书就是英国著名物理学家史蒂芬·霍金所写的《时间简史》。有趣的是，与《混沌》相比，这本书依然是高谈阔论——尽管霍金通过添加一些个人评论和润色（在反复编辑过程中添加的，因为出版商也试图使这本书更容易阅读）来拉近和读者的距离。

霍金致力于研究黑洞和宇宙学里高深的内容，尽管许多读者根本不了解，但他的个性和他克服身体方面的困难的毅力赢得了公众的支持和喜爱。因此，《时间简史》成为当时最畅销的科普书籍，直到15年后才被比尔·布莱森的《万物简史》（见第235—236页）取代。尽管书名是《时间简史》，

史蒂芬·霍金
《时间简史》，1988 年

《时间简史》第一版的封面，
同年这本书的意大利译本出
版，不过将正标题和副标题
换了位置，书名变成了《从
大爆炸到黑洞》。

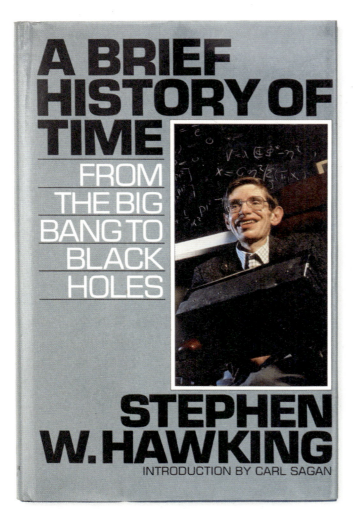

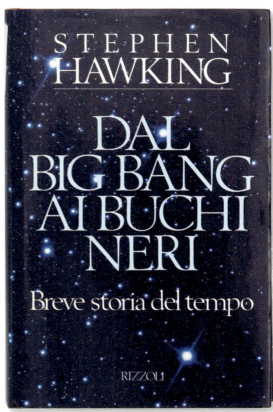

史蒂芬·霍金
《时间简史》，1988 年

右图为《时间简史》第一版
的德语版本，副标题变成了
"寻找宇宙的原始力量"，上
图为霍金 20 世纪 80 年代的
照片。

Stephen W. Hawking
Eine kurze
Geschichte
der Zeit
Die Suche
nach der Urkraft
des Universums
Rowohlt

但霍金在书里几乎没有告诉读者关于时间本身的信息。相反，它从相对论交织空间和时间的方式开始，然后继续延伸到宇宙学。

《时间简史》不是一本篇幅很长的书，但让人感到奇怪的是，这本书的购买率远高于它的阅读率。实际上，许多购买者很可能至少已经开始阅读这本书了，因为霍金用了一个温暖的故事让读者轻松进入。这个故事讲述了一位科学家（可能是哲学家伯特兰·罗素）在做天文学讲座时，观众席上的一位老太太用英国著名幻想小说家泰瑞·普拉切特的写作风格举了一个例子——世界就像是一只巨大乌龟背上的一个平板。

霍金的出版商一再警告说，书中每多出现一个方程式，读者的数量就会减少一半。想要读懂这本书需要一定的科学背景，所以我怀疑许多读者在霍金讲到光锥的相对论概念时就放弃阅读了，因为这个概念实在太难理解了。鉴于如此多的读者放弃了《时间简史》，所以将其描述为一本伟大的科学书显然有些奇怪——一本伟大的科学书应该能与读者进行科学交流，这本书显然不符合这一标准。尽管这一点失败了，但是霍金让科普书得到了出版商的关注，因为这本书的销售量给他们留下了深刻的印象，这将使更多科学书有机会出版。

电视的影响

有争议的是，《时间简史》的成功也鼓励了电视上高质量科学节目的短暂绽放。而这些电视节目在播出的同时，本身也会衍生出一系列相关的书籍。在呈现电视科学的过程中，一直存在着一种难得的平衡。早期的尝试，就像早期的科普读物一样，主要是以权威人士向观众讲解为主。但是，大部分节目都做得很失败，因为他们将大部分时间花在漂亮的图像和花哨的陈述上，很少报道科学本身。

但有一类电视节目做得很好——自然纪录片，因为它比任何其他科学主题都更适合有效的视觉呈现。例如，由于英国博物学家、电视节目制作人大卫·爱登堡的许多系列节目的成功，如《生命的进化》和《蓝色星球》，读者看到了许多令人赏心悦目的书。虽然这些书里有大量插图，但算不上是一本真正的科普书。科普书涵盖的内容比这些节目要多得多，也更

深入，而这些"系列书"只是遵循节目的结构，对其中的情节进行了更详细的说明。由于这些节目通常没有布洛诺夫斯基的《人类的攀升》（见第 205 页）那样复杂的剧本，所以很难成为科学著作。

除了自然纪录片节目之外，还有几部电视连续剧对文学产生了巨大的影响。1980 年，美国天文学家卡尔·萨根在美国拍摄的纪录片《宇宙》上映，不久后其同名书也出版了，受到了许多读者喜爱。尽管书中还存在一些错误——比如，书里写到自然史在 5 至 15 世纪之间没有发生任何事情，这显然是不现实的。同时，在《时间简史》出版几年后，英国广播公司的节目《地平线》也衍生出一本非常成功的书。这个节目由英国科学作家西蒙·辛格主持。尽管节目的风格和其他类似的节目没什么不同，但辛格在 1997 年出版的同一主题的书《费马大定理》非常出色。就算没有电视节目，这本书也可以作为科学书独立出版，它并不是只能放在咖啡桌上当摆设的"系列书"，其内容的丰富程度和深度远远超过电视节目。

辛格凭借这本书创造了奇迹。《费马大定理》不仅涉及数学这个难以触及的话题，甚至还讲到了数学里一些难懂的定理。然而，通过有效的叙述，辛格使这个话题变得引人入胜。这本书也成为英国史上第一本以数学为题材的非虚构类畅销书。费马大定理是这样描述的，当整数 $n > 2$ 时，关于 x，y，z 的方程 $x^n + y^n = z^n$ 没有正整数解。这条定理在数学上算不上惊天动地，但令数学家们感兴趣的是，自 17 世纪以来，第一次有人用戏谑的方式在书中公开讨论这条定理。

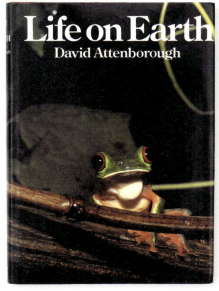
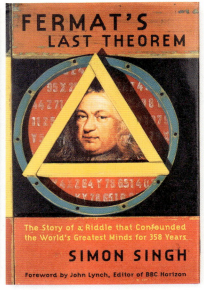

大卫·爱登堡
《地球生命》，1991 年

热门电视节目的衍生书（左）。

西蒙·辛格
《费马大定理》

1997 年，《费马大定理》的第一版由 Fourth Estate 出版社出版（中），旁边是 1998 年由 JC Lattes 出版社出版的法语版（右）。

　　1637 年，法国业余数学家皮埃尔·德·费马在阅读古希腊数学家丢番图的《算术》（见第 41 页）时，曾在第 11 卷第 8 命题旁边潦草地写下了一些东西，包含了早期的代数。丢番图在书中讨论一个适用于大量方程式的定理，费马指出，对于三次方和更高的幂来说，他已经证明这条定理是不可行的。他在旁边批注道："关于这个定理，我确信已发现了一种美妙的证法，可惜这里空白的地方太小，写不下。"

　　此后，人们一直试图找到费马的"证明"。严格来说，这只是一个猜想（因为他没有给出证法）。值得注意的是，直到 1994 年，英国数学家安德鲁·怀尔斯才真正证明了该定理，演算了 100 多页，远远超出了费马所能理解的范围。（所以许多数学家认为，费马觉得自己找到了证法是对自己过于自信。）虽然这条定理是怀尔斯证明的，但还是普遍被叫作费马大定理。在书中，辛格采用了前面所提到的故事叙述法，而且他的故事构建得非常完美——将所涉及的概念的历史，从最早的代数时代到怀尔斯证明费曼大定理的过程用故事的方式讲述了出来。

　　在我们讨论与电视科学节目有关的书籍时，有两个值得注意的、最近的尝试——由美国天文学家尼尔·德格拉斯·泰森提出的《宇宙》的重启，以及由物理学家布莱恩·考克斯推出的一些电视科学节目。虽然这些都不可避免地产生了一些只适合摆在咖啡桌上作摆设的书，但也有一些书

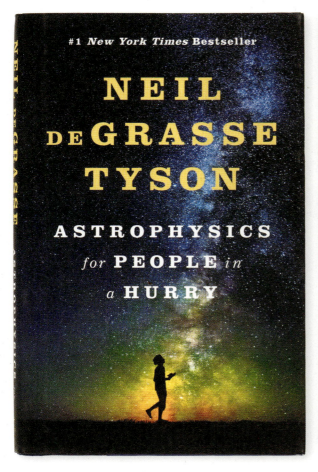

奈尔·德葛拉司·泰森
《给忙碌者的天体物理学》，
2017 年

作为天文学家，泰森在电视
节目中广受欢迎，他对天体
物理学基础知识的解释为他
赢得了许多观众。

布莱恩·考克斯和杰夫·福修
《为什么 $E=mc^2$？——人人都
能读懂的相对论》，2010 年

尽管考克斯凭借他的电视节
目改编的书取得了巨大的成
功，但他最好的作品与电视
节目无关，比如与福修合著
的这本。

非常值得阅读，例如两位科学家在节目推出后以自己的名义出版的书。泰森最著名的一本莫过于 2017 年出版的《给忙碌者的天体物理学》，而考克斯则与物理学家杰夫·福修合著了一些书，其中最著名的包括 2010 年出版的《为什么 $E=mc^2$?——人人都能读懂的相对论》和 2012 年出版的《量子宇宙》。

泰森继续按照以前电视节目衍生书的方式写作，但增加了更多的内容。而考克斯则采取了更大胆的做法，他写的书通常需要花费大力气才能读懂。因此，他们通过给予读者更深入的物理知识来回馈读者，这是以前的电视节目衍生书没有的。上面介绍的这几本书都是科学作家所写的现代科学书籍的例子，我们可以看到，和上一代大部分科学家不同，这一代的科学作家在书中不再详细介绍他们自己擅长的很窄、很专业的领域，而是向普通读者介绍更广阔的科学领域。

人类和经度的故事

科学和技术往往是齐头并进的，在确定经度（地球上某个地方的东西方位置）上更是如此，这一过程与天文学的进步密不可分。从 15 世纪开始，随着越来越多探险家进行海上活动，这一点变得越来越重要。总的来说，鉴于太阳在空中的位置由观察者所在的经度和进行观察的时间决定，因此，利用太阳确定经度的关键，在于选定一条作为参照的经线后，如何精确地校准钟表的时间。

天文学家试图解决这个问题，但这非常棘手，英国政府甚至在 1714 年为解决这个问题提供了一笔可观的奖励。然而，最终得出的最有效的方法是设计出一个能在漫长的海上航行中工作并仍能保持准确性的航海计时器。这并不容易，因为当时最精确的时钟使用的是钟摆，而钟摆在摇摆的船上很难保持准确性。

1995 年，美国科学作家戴瓦·索贝尔出版了《经度：寻找地球刻度的人》一书，在书中她描述了当时的人们是如何解决这个问题的。索贝尔擅长通过单个人物的视角来展开故事情节的发展。这本书讲述了英国钟表匠约翰·哈里森的故事——他试图赢得经度的挑战，并与不愿意向他支付奖

约翰·哈里森

《H4 的运动》，1760 年—1772 年

《H4 的运动》是由约翰·哈里森设计和绘制的经度计时器系列之一，在戴瓦·索贝尔写的《经度：寻找地球刻度的人》中有详细介绍。

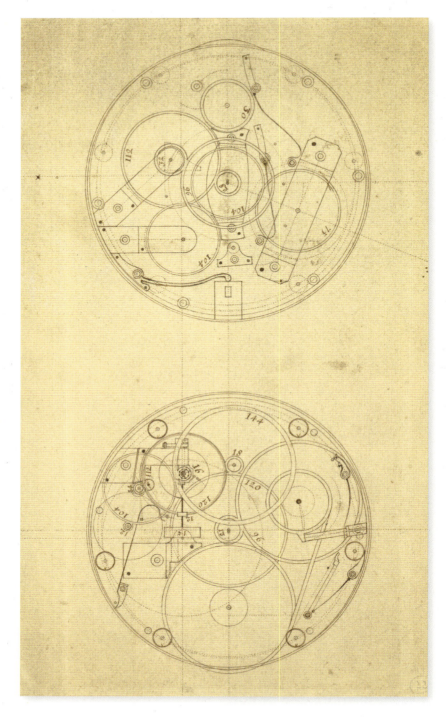

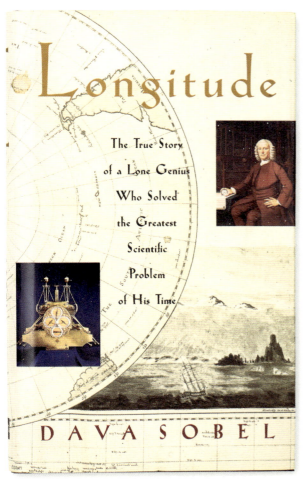

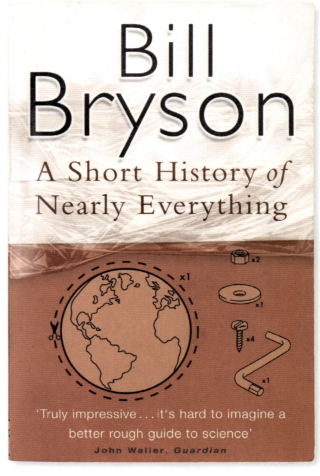

戴瓦·索贝尔
《经度：寻找地球刻度的人》，1996 年

索贝尔 1995 年出版的《经度：寻找地球刻度的人》的第一版，描述了哈里森争取经度奖的故事，封面将其描述为"他那个时代最伟大的科学问题"。

比尔·布莱森
《万物简史》，2004 年

这本通俗易懂的科普书于 2003 年首次出版，现在仍是 21 世纪最畅销的科普书之一。

金的英国经度委员会进行斗争。

就像世界上最好的科学书一样，索贝尔用哈里森生活和工作的故事来引导读者阅读，但同时又给出了大量关于经度测量方法的信息。哈里森的成功并非一蹴而就——他花费了数年时间来完善他的船上天文台，即使他做到了，英国经度委员会也不愿意授予他 20 000 英镑的奖金。理论上来说，哈里森设计的时钟的准确性本应获得这笔奖金。这在当时是一笔巨款——按购买力计算，相当于 2018 年的 280 万英镑（350 万美元），按劳动价值计算，相当于 3550 万英镑（4500 万美元）。

在哈里森的不断要求下，他最终从英国议会那里得到了大部分奖金。后来在时任英国国王乔治三世的建议下，80 岁的哈里森又向英国议会请愿，最终英国议会给他补齐了奖金。索贝尔在书中展示了语境对普通读者的重要性——她通过融入主角的生活背景，使整本书读起来引人入胜。

在回顾过去或现在取得的科学、技术突破时，这种写作方法都很实用。但是对于新的发展，如果在写书的过程中还采访了参与其中的科学家，也会有所帮助。一个例子是 2003 年比尔·布莱森出版的《万物简史》，布莱森在书中扮演了一个无知但充满好奇的普通人，采访了许多不同领域的科学家。在这本书还没有正式出版之前，它的预订量已经使它成为最畅销的现代科学书之一了。

三位物理学界的重量级人物

《万物简史》的成功并不意味着这种相对简单的书会在科学领域占据主导地位。2006 年，李·斯莫林出版了一本重要物理学著作《物理学的困惑》，这本书和《万物简史》完全不同。斯莫林是一位特立独行的美国理论物理学家。《物理学的困惑》不仅由他个人所撰，而且专注于一个特定的科学领域——弦理论，虽然普通读者大致能读懂，但内容还是相当专业。

《物理学的困惑》很好地总结了弦理论，弦理论是统一物理学的两个核心但彼此互不兼容的理论的主要尝试——即量子理论和广义相对论。然而，这本书最大的成功在于向普通读者普及了弦理论消极的方面和本身的缺陷。很多时候，面向公众的科学书籍都会选择掩盖问题，甚至把只不过是假设

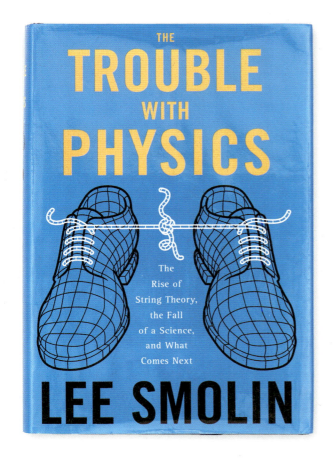

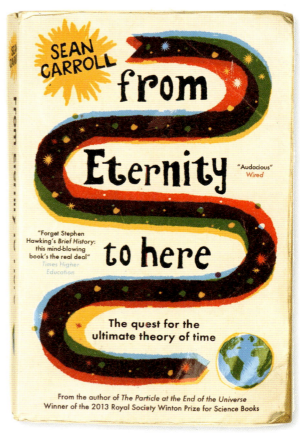

的东西当作事实呈现出来。但斯莫林却选择将物理学界宁愿隐藏起来的问题揭露给读者看。斯莫林并不是唯一一位出版此类书籍的科学家，美国理论物理学家彼得·沃伊特在同一年就同一主题出版了一本专业性更强的书，书名是《连错都算不上》。但《物理学的困惑》的影响更大，因为它比《连错都算不上》更容易阅读。

斯莫林在书中展示了物理界是如何被弦理论所迷惑的。自 20 世纪 80 年代以来，许多物理学家将自己的研究建立在这一理论之上，甚至死板地认为这一理论绝对正确，而不愿意考虑任何其他可能性。然而实际上，弦理论并没有对他们的研究作出任何可验证的预测。斯莫林还表示在很大程度上，对弦理论的过多关注抑制了思想家的思维，并阻止了其他更好的理论替代弦理论。

2010 年，美国物理学家肖恩·卡罗尔出版了《从永恒到此刻》，这本

李·斯莫林
《物理学的困惑》，2006 年

斯莫林的书探讨了物理学中有影响力的超弦理论的潜在问题。

肖恩·卡罗尔
《从永恒到此刻》，2015 年

这本畅销书于 2010 年首次出版，所涉猎的话题相当广泛，从熵到量子力学、从信息论到生命的意义。

卡洛·罗韦利
《七堂极简物理课》

2014 年，由 Adelphi Edizione
出版社出版的意大利语原
版（上图），以及企鹅出版
社于 2015 年出版的英语版
（右图）。

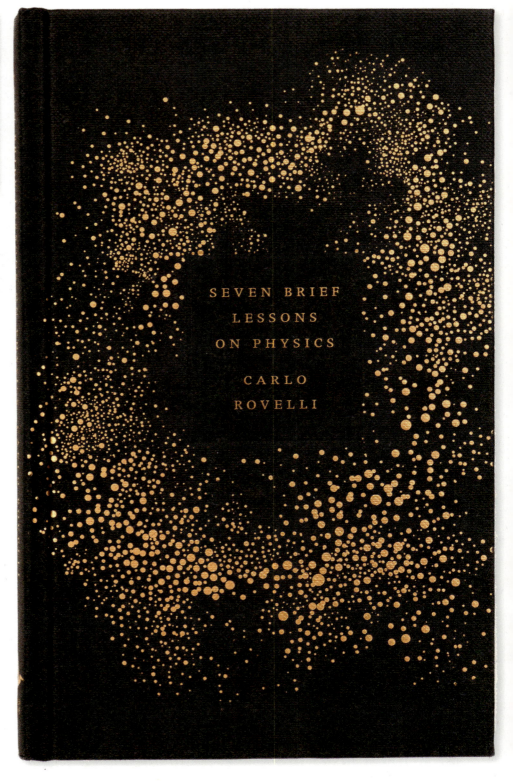

书也对读者理解科学作出了重大贡献，但它的内容更偏向宇宙学。从很多方面来看，这本书应该就是《时间简史》想呈现的内容，《时间简史》的标题用到这本书上似乎更合理。正如前面讲到的，霍金在《时间简史》里并未介绍时间的本质。然而，卡罗尔在《从永恒到此刻》里却做到了这一点，而且它比《时间简史》更有深度，涉及热力学、相对论和量子理论的各个方面，但却比《时间简史》更容易阅读。

2014 年，另一本由物理学家卡洛·罗韦利撰写的物理学书籍也出版了——《七堂极简物理课》。罗韦利的书在意大利大受欢迎，是为数不多的用英语以外的语言写成的现代科学书籍之一。最终，这本书成为全球畅销书，这也证明公众对科学是有兴趣的。其实很容易理解为什么罗韦利的书会取得如此突破性的成功——它非常简短，由 7 篇文章构成，向广大读者传播了物理学知识。

除此之外，这本书取得成功可能还有三个原因：首先，虽然罗韦利在引入科学家的故事方面没有花费太多心思，但他使用了极具诗意的散文风格，并在书中注入了自己的个性，为这本书带来了人文气息，这不禁让人想起伊拉斯谟斯·达尔文的《植物园》（见第 119 页）等作品；其次，这本书本身相对简短，对那些认为科学书籍难以理解的读者来说易于阅读；最后，这本书的装帧设计看起来昂贵又精致。

像卡罗尔和斯莫林一样，罗韦利对他的专业非常了解。作为一名活跃的物理学家，他致力于研究物理学最引人注目的领域之一——量子引力理论。自爱因斯坦以来，物理学的两个核心就是量子物理学（物理学很小的一个领域，但它决定了我们直接经历的几乎所有事物的运作方式）和广义相对论（引力背后的物理学）。尽管万有引力影响着一切，但它是一种相对较弱的力量（比电磁力弱几十亿倍），其主要影响对象是大物体，如恒星和星系。

虽然这两种理论都非常成功，但它们并不兼容，也就是说，它们无法结合在一起。主要原因是引力没有被量化——它不像量子理论那样以小的离散块来处理宇宙的问题。因此，自 20 世纪 30 年代以来，人们一直试图提出一个量化的引力理论，并能与量子物理学的其他理论统一起来。而提出新理论最主要的阻碍就是弦理论，因为有许多物理学家目前仍在研究它。但正如斯莫林所表明的，弦理论可能永远不会为科学家提供一个有用的科学结构。当然除了弦理论，还有别的理论的阻碍。

在目前提出的理论中，处于领先位置的是圈量子引力理论——罗韦利正是这个领域的工作者。在《七堂极简物理课》一书中，罗韦利对宇宙学和量子引力等领域的关键发展做了一系列的概述，但他对圈量子引力的重要性给出了扭曲的看法——这种理论确实可能会取代弦理论，但目前还没有得到充分的支持。这类书有一个好处是，让一些读者受到启发，并想要阅读更多的科学书籍，从而更加欣赏科学。

准确把握主题

鉴于科技对我们生活的影响，让更多人了解科技是至关重要的。这就是为什么2005—2015年这十年间，德国出版的最成功的非虚构类畅销书排行榜上的第二和第三名都是医学博士兼电视节目主持人埃卡特·冯·赫斯豪森的书。其中最著名的一本是《肝脏有它的使命》，该书探讨了从针灸对汽车的影响（解释安慰剂效应）到奶酪上的洞为什么会使人发胖等古怪的科学问题。

正如我们所看到的，像赫斯豪森所写的这样专注于人类科学的书，以及那些涵盖物理学和宇宙学的书，已经在科学书领域占据了主导地位，而其他领域的书则相对被忽视了。很有意思的是，化学方面的科学著作很少，大胆推测一下这是为什么？

英国著名的科学出版社之一——牛津大学出版社的一位资深编辑表示，化学类图书可能很难吸引读者。美国作家杰瑞米·刘易斯在接受采访时说道："我的确认为化学在大众科学中的地位被低估了。当你去书店的时候，化学类图书往往只占科学书区域很小一块地方。尤其在物理学和生物学等领域出现更惊人的突破时，例如量子理论和基因编辑等话题，化学往往会更不受关注。"2015年英国皇家化学学会发表的《公众对化学的态度》中提到："人们很难想象化学如何影响他们的日常生活，并认为化学家普遍能力不足，那是因为他们没有意识到化学家是如何参与到日常生活中的。"

看来，除非一本科普书写得特别好，否则它要么是能吸引对此感兴趣的个体（例如健康或心理学书籍），要么就是有一些很基础的或是具有颠覆性的内容，就像大部分物理学和天文学书一样。数学似乎是个特例，因为即使是这个读者相对难以接近的主题，当作者将数学家的奇特故事与数学中有趣的点结合在一起时，也会很受欢迎。作者本身的写作风格也会影响这本书的受欢迎程度，例如在《费马大定理》中，西蒙·辛格就把安德鲁·怀尔斯的工作描述得很有趣。这对我的数学畅销书《无穷简史》的成功也很有帮助。这本书出版于 2003 年，主题是"无限"，这个主题本身也会引起读者的好奇心，但在书中，我还写了许多参与"无限"这个概念发展的数学家的故事。

永恒的生命

生物学（主要是人类学）和物理学继续主导着近年来有影响力的科学书。其中一个重要例子就是美国科学作家丽贝卡·思科鲁特于 2010 年出版的《永生的海拉》。这本书的主题是医学，并通过讲故事的方式将信息传递给读者。这个听起来很有趣的标题里的"海拉"指的是 1951 年因宫颈癌去世的患者海瑞塔·拉克斯。在她死后，科学家将拉克斯身上的肿瘤细胞取走，并用来建立了一个重要的医学研究工具——不死细胞系。

通常情况下，人类的细胞不能无限期地分裂和形成新的细胞，因为人类染色体末端有一小段叫作端粒的结构影响着人类的极限寿命，其运作方式就一卷彩票：细胞每次分裂后，端粒都会随之缩短，当分裂达到一定的次数时，端粒的长度就不足以支撑下次分裂了，人类也会随之死亡。但是在一些癌细胞中，这种限制被永久地移除了。拉克斯的细胞是第一个被创造出来的不死细胞，而且这些细胞已经为医学作出了巨大贡献。这种被称为海拉的细胞已被用于研究癌症和艾滋病，并且仍然很强大。目前，科学家们已经培养出了超过 20 吨的海拉细胞。

《永生的海拉》（销量已远远超过 100 万册）之所以如此受欢迎，主要是因为许多读者被拉克斯的故事深深吸引。思科鲁特在书中描述了拉克斯的生活，以及她的家人所受到的冲击——他们直到 20 世纪 70 年代才发现海拉细胞的存在。但这并不妨碍思科鲁特在此基础上继续探讨相关科学家的生活和工作，以及研究海拉细胞对医学科学的重要性。这本书和过去

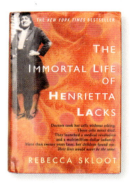

丽贝卡·思科鲁特
《永生的海拉》，2010 年

由 Picador 出版社出版的澳
大利亚版第一版（右图），
上图是 Crown 出版社出版
的美国版第一版，下面这张
图展示了 1951 年，从拉克
斯身上采集到的海拉癌细胞
样本的扫描电子显微照片。

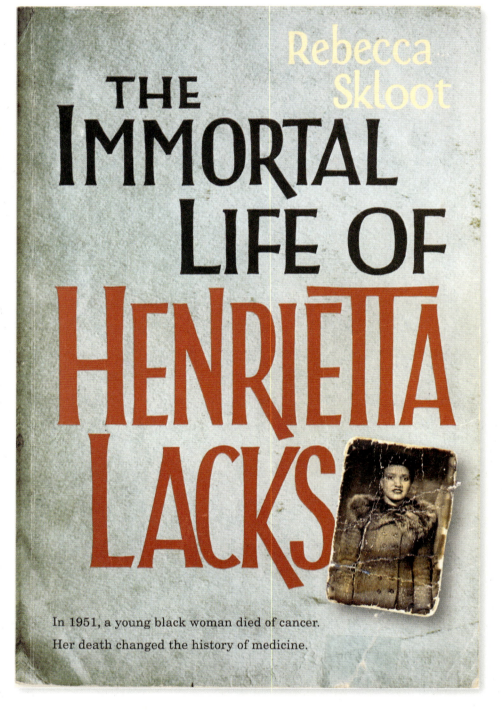

100 年内在科学领域占据主导地位的书一样，而且再次强调了将人物故事带入书中的好处。一定程度上来说，这本书有助于普通读者发现科学并爱上科学。

2018 年，英国华威医学院的微生物基因组学教授马克·帕伦教授出版了《天花的最后日子》，从这本书中所举的一个小例子也能看到海拉细胞的重要性。这本书主要讲述了根除天花疾病以及根除后又在英国伯明翰爆发的故事。书里提到，在这次爆发中，科学家从天花患者身上提取的病毒样本显示"海拉细胞在人类细胞层上生长时，会出现异常行为"，海瑞塔·拉克斯的故事在另一个大陆的疾病暴发中继续引起共鸣。

起源故事

正如我们所看到的，大部分科学书都是用英语写的，后来才被翻译成其他语言。这是因为英语现在是国际通用语言，绝大多数重要的科学论文都是用英语发表的。先用另一种语言出版，后来再被翻译成英语的科学书少之又少。2011 年，以色列历史学家尤瓦尔·赫拉利出版的《人类简史》就是其中一个特例。

赫拉利算不上是一位专业的科普作家——作为一名历史学家，他没有任何科学背景。他写了许多书，但在他个人擅长的专业领域，《人类简史》的表现更为突出，而后面陆续出版的书籍甚至偏离了他的专业领域。在《人类简史》中，他清晰地讲述了整个人类发展的历史，也许听起来有点像一本历史书，但书中更多是从遗传的角度叙述，所以这本书更应该划分到科学书版块。后来，赫拉利又出版了《未来简史》，这本书试图研究未来学，预测未来并不是一件容易的事情，尽管如此，科学家还是始终如一地进行科学尝试。这两本书都取得了巨大的成功，但在科学写作的历史上，相比书的内容，它们更为突出的成功在于——都是以希伯来语写的。而且，许多科学家都认为书中所涉及的科学知识其实是非常薄弱的。

2015 年，英国生物学家尼克·莱恩出版了关于生命起源的著作《生命之源》。这本书和赫拉利的书形成鲜明对比，因为书中所涉及的科学内容都偏复杂。莱恩做得很好的地方是，他清楚地阐明了拥有复杂细胞的生物

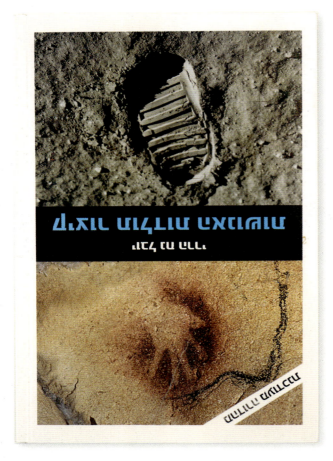

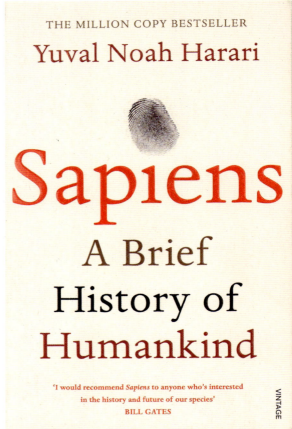

尤瓦尔·赫拉利
《人类简史》

这本书由以色列 DVIR 出版
公司于 2011 年首次出版，左
上图是 2013 年更新的版本，
右上图是由 Vintage 出版社于
2014 年出版的英文版。

（如人类）内部的细胞机制是多么的复杂。也许更令人印象深刻的是，莱恩还在书中探讨了生物学上最重大的问题：生命是如何开始的。

科学界普遍认为，生命起源于一锅无机物混合的原始汤，也许是受到雷电的刺激才有了生命。然而，莱恩展示了这种假说是如何与我们现在所知道的早期地球上的条件不相容的，并提出了一种替代理论——生命始于水和二氧化碳。他还在书中探讨了从简单的细胞演化成复杂的细胞的方式，在整整 40 亿年的时间里，只有这一次偶然的机缘，而复杂生命只演化成功并存活下来了这一次。

如果说莱恩给出了生命起源的最佳现代答案，那么英国化学家彼得·阿特金斯在 2018 年出版的一本书则更进一步解释了整个宇宙是如何产生的。《变个宇宙出来：自然法则的起源》是一本薄薄的书，阿特金斯在书

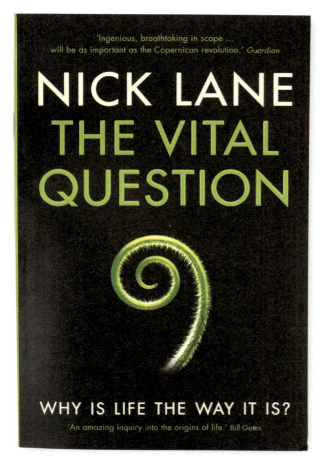

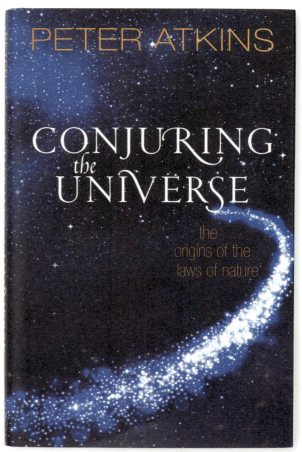

中探讨了创造一个完整宇宙的可能性，但与此同时，它也涉及了科学令人困惑的方面。

如果我们想象宇宙是如何从无到有的，肯定会涉及许多物理定律，阿特金斯即在书中展示了这些基本定律是如何从他所描述的懒惰和无政府状态中产生的。书中探讨的第一条原理是最小作用量原理，它表明物体在作用时，其质量、速度、位移（一直直线运动时，数值上等于路程）的乘积最小。再加上世界上最伟大的女数学家之一埃米·诺特设计的对称性数学，阿特金斯能够流畅地推导出许多物理学的基本原理，这使得读者很容易理解他的论点。

阿特金斯还指出，一些人们熟悉的自然常数其实并不存在。例如，光速是最重要的常数之一，等于 299 792 458 米 / 秒。（光速之所以是一个精

尼克·莱恩
《生命之源》，2016 年

2015 年，《生命之源》首次以精装版出版。

彼得·阿特金斯
《变个宇宙出来：自然法则的起源》，2018 年

对宇宙起源的简洁的探索。

确值，是因为它是被人为定义出来的。）但阿特金斯指出，如果离开人类的定义，将这样一个常数放在最"纯粹"的无单位状态下，它实际上就消失了。总而言之，这本书激起了读者对宇宙起源问题的兴趣。

推动科学向前发展

虽然本章中提到的大多数作家都是男性，但自 20 世纪 90 年代以来，由女性作家撰写的科学书明显增多了，这反映出人们不管对科学家还是科学作家的性别偏见都有所减少（尽管没有完全消除）。2017 年，英国科学记者安吉拉·萨伊尼还专门就这个话题出版了一本书——《逊色》。

作为一位科学记者，在工作期间，萨伊尼发现了在科学界普遍存在性别偏见。《逊色》中表明，科学界的性别偏见远远超过许多其他职业。然而有时，一些（年长的男性）科学家甚至为此辩护说这是一种自然秩序。正如本书前面提到的，许多男性科学家普遍认为女性的大脑与男性的不同，她们从事科学工作的能力较弱。这种想法在 20 世纪之前就很普遍，甚至连查尔斯·达尔文也认同这种观点（见第 175 页）。

萨伊尼在书中描述了 20 世纪之后的社会科学家是如何延续那些错误地强调性别差异的观点的。客观地说，这种差异其实根本不存在，即便在某些特殊方面存在，这种差异也非常小，对男女的个人能力没有什么影响。不过在 21 世纪，似乎已经没有必要去特别强调他们所说的性别差异了，因为许多人都不再认同这种观点。从以 20 世纪 60 年代为背景的电视剧中所描绘的社会不难看出，如《广告狂人》，人们的思想已经进步很多了。不过在某些科学领域，仍然有一些理论支持男女性别差异，这些理论显然不应该是这个时代的产物，甚至应该出现在维多利亚时代。

除了挑战科学界对性别的刻板印象，现代科学作家还写了一系列重要的书。这些书质疑科学本身的性质以及科学家是如何从事科学研究的，其内容远比一些早期的书更为现实。其中最著名的一本是美国神经学家斯图尔特·法尔斯坦于 2012 年出版的《无知》。

《无知》的副标题是"无知推动科学发展"，该书颠覆了公众对科学的普遍理解，指出重要的不是我们所知道的事实，而是我们所不知道的东西，

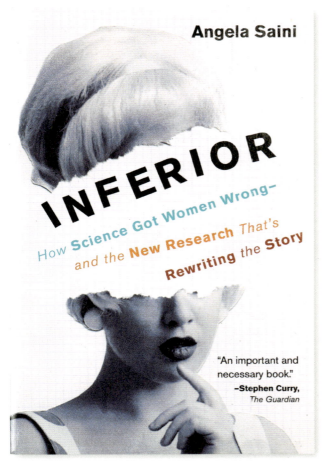

正是这种无知推动了科学的发展。法尔斯坦在书中写道："真正的科学家不会陷入事实的沼泽，因为他们对事实并不那么关心。这并不是说他们不重视或忽视事实，而是说他们不把事实看作是工作的最终目的。他们不会止步于事实，甚至把事实当作是工作的起点，他们在乎的更多是超越事实的东西。"

2018 年，德国物理学家萨拜因·霍森菲尔德出版了《迷失于数学》一书，该书巧妙地将我们对科学家工作的想象与科学家真实的工作情况的区别展示给了读者（该书最初是用英文写的，后来才被翻译成霍森菲尔德的母语德语）。

《迷失于数学》对现代物理学方法中的问题进行了有力的分析。20 世纪及之前的物理研究中，实验家的主要任务是进行观察和实验，而理论家则

安吉拉·萨伊尼
《逊色》，2017 年

英国 Fourth Estate 出版社出版的这本书的英国第一版，右图是 Beacon 封面出版社出版的美国第一版，故意使用了有争议的粉色。

斯图尔特·法尔斯坦
《无知》，2012 年

这本书既严肃又平易近人地探讨了科学是如何进行的，以及人类是如何误解科学的作用的。

寻找理论来解释观察的结果，然后实验家再通过实验来检验。而如今更多的情况是物理学家通过假想提出一套仅由数学支持的理论，这些理论大多都无法通过实验检验，尤其是在粒子物理学中。因为要想检验它们往往花费巨大，通常只有极少数的理论有机会通过实验检验。

宇宙中真正起主导作用的是数学这个理论肯定是错误的。正如霍森菲尔德所指出的，如果宇宙学常数（一个从数字上反映宇宙膨胀或收缩速度的数值）是负值，那么弦理论能发挥出最好的作用。可惜，宇宙学常数实际上是正数，但大多数弦理论家都在研究负宇宙学常数。尽管弦理论使数学更优美，但和宇宙并没有关系。

霍森菲尔德在书中反复提到用于检验理论的两个衡量标准：第一是美，不过这是一种主观感受；第二是自然性，因为它涉及数字，这让理论看起来似乎更科学，但往往依赖于科学家一种莫名的信心——即自然界中无维度的数值（例如质量比）应该不会太大或者太小，而是应该位于 1 附近。霍森菲尔德为了写这本书还采访了一些物理学家（几乎都是男性），这些物理学家仍然经常坚持这两条衡量标准，尽管无法证明它们，也许仅仅是出于喜爱吧。

像李·斯莫林（见第 237 页）一样，霍森费尔德也表示，坚持被淘汰的理论并不奇怪，因为物理学家也是人。如果你将大部分职业生涯都花在了一个理论上，你就不会轻易放弃它。如果有成百上千的人都在研究这个理论，那么它背后一定有实质性的内容吗？霍森费尔德在书中写道，许多科学家都对位于瑞典欧洲核子研究组织的大型强子对撞机非常感兴趣，在大约一年时间里，有超过 500 篇论文都在讨论这台机器，其中甚至有许多篇发表在顶级期刊上。然而他却认为，花费大量时间金钱和时间做这种研究，实际上却无法从中获得足够的科学回报。

《迷失于数学》是一本新时代的科学书籍，读者不再受权威的束缚，这种写作方法实际上有益于科学的普及。英国皇家学会的座右铭是拉丁文"Nullius in verba"，大致意思是"不要相信任何人的话"。实际上，科学界普遍的做法更接近于美国前总统罗纳德·里根在 20 世纪 80 年代引用的俄罗斯谚语"可以相信但有待验证"。在很长一段时间里，读者只是一味地被灌输最新的科学理论，而没有怀疑过这些理论是否完全正确。但是现在，越来越多的科学著作可以帮助读者质疑某些理论，从而使读者获得更深入的

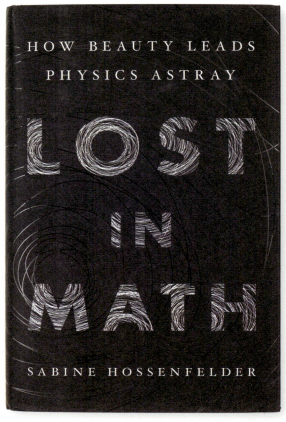

理解。这不是一个反科学的问题，尽管很多时候最好的质疑源于科学家自己，但通过这种方式，读者可以对科学的定义有更好、更复杂的认识。

　　人类从未像现在这样强调公众参与科学的重要性。我们既要鼓励人们对科学产生更深的兴趣，又要反对某些反科学的观点，就像反对一些政治观点一样。让公众对科学感兴趣既有助于培养未来的新科学家，又能让人们了解为什么某个科学研究领域值得资助。如今，最好的科学书都是这么做的，读者对科学有了更深入、更现实的了解，又何尝不是一件好事呢？

萨拜因·霍森菲尔德
《迷失于数学》，2018 年

这本德国物理学家霍森菲尔德的书最初由 Basic Books 出版社出版，同年晚些时候由 S. Fischer 出版社出版了它的德语版。

150 本伟大的科学著作

1. 《埃德温·史密斯纸草文稿》(公元前 1600 年)
2. 希波克拉底《希波克拉底文集》(公元前 4/5 世纪)
3. 亚里士多德《动物志》(公元前 4 世纪)
4. 亚里士多德《物理学》(公元前 4 世纪)
5. 阿基米德《数沙者》(公元前 3 世纪)
6. 欧几里得《几何原本》(约公元前 290 年)
7. 佚名《九章算术》(约公元前 200 年)
8. 提图斯·卢克莱修·卡鲁斯《物性论》(公元前 1 世纪)
9. 托勒密《天文学大成》(约公元 150 年)
10. 丢番图《算术》(公元前 3 世纪)
11. 婆罗门笈多《婆罗摩发多历算书》(公元 628 年)
12. 阿布·阿卜杜拉·穆罕默德·伊本·穆萨·花拉子密《移项和集项的计算》(约公元 820 年)
13. 侯奈因·伊本·伊斯哈格《关于眼睛的十篇论文集》(公元 9 世纪)
14. 伊本·艾尔·海什木《光学书》(公元 10/11 世纪)
15. 伊本·艾尔·海什木《智慧的尺度》(公元 10/11 世纪)
16. 伊本·西拿《医典》(公元 11 世纪)
17. 婆什迦罗《天文系统极致》(公元 12 世纪)
18. 斐波那契《计算之书》(1202 年)
19. 罗杰·培根《论艺术与自然的奇妙力量》(1250 年)
20. 罗杰·培根《大著作》(1266—1267 年)
21. 列奥纳多·达·芬奇《达·芬奇笔记》(1452—1519 年)
22. 彼得·比内维茨《御用天文学》(1540 年)
23. 尼古拉·哥白尼《天体运行论》(1543 年)
24. 安德烈·维萨里《人体构造》(1543 年)
25. 塞巴斯蒂安·明斯特尔《世界地图》(1544 年)
26. 吉罗拉莫·卡尔达诺《大术》(1545 年)
27. 格奥尔格·阿格里科拉《论矿冶》(1556 年)
28. 拉法耶尔·蓬贝利《代数》(1572 年)
29. 威廉·吉尔伯特《论磁》(1600 年)
30. 约翰尼斯·开普勒《蛇夫座脚部的新星》(1606 年)
31. 约翰尼斯·开普勒《新天文学》(1609 年)
32. 伽利略·伽利雷《星际信使》(1610 年)
33. 约翰尼斯·开普勒《世界的和谐》(1619 年)
34. 弗朗西斯·培根《新工具》(1620 年)

35. 约翰尼斯·开普勒《鲁道夫星表》（1627年）
36. 威廉·哈维《心血运动论》（1628年）
37. 伽利略·伽利雷《关于托勒密和哥白尼两大世界体系的对话》（1632年）
38. 勒内·笛卡儿《方法论》（《几何学》）（1637年）
39. 伽利略·伽利雷《关于两门新科学的对话》（1638年）
40. 尼古拉斯·卡尔佩珀《英国医生》（《草药全书》）（1652年）
41. 罗伯特·波义耳《关于空气的弹性及其效果的物理力学新实验》（1660年）
42. 罗伯特·波义耳《怀疑派化学家》（1661年）
43. 吉罗拉莫·卡尔达诺《论赌博游戏》（1663年）
44. 罗伯特·胡克《显微图谱》（1665年）
45. 奥托·冯·格里克《新实验》（1672年）
46. 阿兰·曼尼森·马莱《描绘世界》（1683年）
47. 艾萨克·牛顿《自然哲学的数学原理》（1687年）
48. 艾萨克·牛顿《光学》（1704年）
49. 卡尔·冯·林奈《自然系统》（1735年）
50. 夏特莱侯爵夫人《物理学教程》（1740年）
51. 布封伯爵《普通与特殊的自然史》（1749—1804年）
52. 卡尔·冯·林奈《植物种志》（1753年）
53. 莱昂哈德·欧拉《致一位德国公主的信：关于物理和自然哲学的各种问题》（1768年）
54. 安托万·拉瓦锡《化学基本论述》（1789年）
55. 伊拉斯谟斯·达尔文《植物园》（1791年）
56. 伊拉斯谟斯·达尔文《动物学；或有机生命定律》（1794年）
57. 托马斯·马尔萨斯《人口原理》（1798年）
58. 永斯·雅各布·贝尔塞柳斯《化学教科书》（1808年）
59. 约翰·道尔顿《化学哲学新体系》（1808年）
60. 让-巴蒂斯特·拉马克《动物哲学》（1809年）
61. 乔治·居维叶《动物界》（1817年）
62. 萨迪·卡诺《谈谈火的动力和能发动这种动力的机器》（1824年）
63. 约翰·詹姆斯·奥杜邦《美洲鸟类》（1827年）
64. 查尔斯·莱尔《地质学原理》（1830—1833年）
65. 约翰·赫歇尔《试论自然哲学研究》（1831年）
66. 查尔斯·巴贝奇《论机器和制造业的经济》（1832年）
67. 罗伯特·钱伯斯《自然创造史的痕迹》（1844年）
68. 亚历山大·冯·洪堡《宇宙》（1845—1862年）
69. 乔治·布尔《思维规律的研究》（1854年）
70. 亨利·格雷《格雷氏解剖学》（1858年）
71. 查尔斯·达尔文《物种起源》（1859年）
72. 迈克尔·法拉第《蜡烛的化学史》（1861年）
73. 伊格纳茨·泽梅尔魏斯《产褥热的病原、实质和预防》（1861年）
74. 格雷戈尔·孟德尔《植物杂交实验》（1866年）
75. 约翰·维恩《机会逻辑》（1866年）
76. 约翰·丁达尔《声学》（1867年）
77. 约翰·丁达尔《热：一种运动形式》（1868年）
78. 安托瓦妮特·布朗·布莱克韦尔《通识科学研究》（1869年）
79. 詹姆斯·克拉克·麦克斯韦《热的理论》（1871年）
80. 查尔斯·达尔文《人类的由来及性选择》（1871年）
81. 詹姆斯·克拉克·麦克斯韦《论电和磁》（1873年）
82. 约翰·丁达尔《关于光的六次讲座》（1873年）

83. 詹姆斯·克拉克·麦克斯韦《自然界中的性别》（1875 年）
84. 让－亨利·法布尔《昆虫记》（1879 年）
85. 约翰·维恩《符号逻辑》（1881 年）
86. 埃德温·艾勃特《平面国》（1884 年）
87. 查尔斯·达尔文《达尔文自传》（1887 年）
88. 戴维·希尔伯特《几何基础》（1899 年）
89. 埃德沃德·迈布里奇《运动中的动物》（1899 年）
90. 埃德沃德·迈布里奇《人体动作》（1901 年）
91. 恩斯特·海克尔《自然界的艺术形态》（1904 年）
92. 玛丽·居里《放射性专论》（1910 年）
93. 阿弗烈·诺夫·怀特海和伯特兰·罗素《数学原理》（1910—1913 年）
94. 阿尔弗雷德·魏格纳《大陆和海洋的形成》（1915 年）
95. 阿尔伯特·爱因斯坦《狭义和广义相对论浅说》（1917 年）
96. 亚瑟·爱丁顿《物质世界的本质》（1928 年）
97. 卡尔·波普尔《科学发现的逻辑》（1934 年）
98. 汉斯·辛瑟尔《老鼠、虱子和历史》（1935 年）
99. 兰斯洛特·霍格本《大众数学》（1937 年）
100. 莱纳斯·鲍林《化学键的本质》（1939 年）
101. 埃尔温·薛定谔《生命是什么？》（1944 年）
102. 唐纳德·赫布《行为的组织》（1949 年）
103. 康拉德·劳伦兹《与鸟兽虫鱼的亲密对话》（1949 年）
104. 托马斯·库恩《科学革命的结构》（1962 年）
105. 蕾切尔·卡森《寂静的春天》（1962 年）
106. 理查德·费曼《费曼物理学讲义》（1963 年）
107. 德斯蒙德·莫利斯《裸猿》（1967 年）
108. 詹姆斯·沃森《双螺旋》（1968 年）
109. 雅克·莫诺《偶然性与必然性》（1970 年）
110. 阿尔文·托夫勒《未来的冲击》（1970 年）
111. 古斯塔夫·埃克斯坦《身体有头》（1970 年）
112. 雅各布·布洛诺夫斯基《人类的攀升》（1973 年）
113. 安妮·塞尔《富兰克林和 DNA》（1975 年）
114. 理查德·道金斯《自私的基因》（1976 年）
115. 德斯蒙德·莫利斯《人类行为观察》（1978 年）
116. 道格拉斯·理查·郝夫斯台特《哥德尔、艾舍尔、巴赫——集异璧之大成》（1979 年）
117. 詹姆斯·洛夫洛克《盖亚：对地球上生命的新看法》（1979 年）
118. 戴维·玻姆《整体性与隐缠序》（1980 年）
119. 卡尔·萨根《宇宙》（1980 年）
120. 约翰·格里宾《寻找薛定谔的猫》（1984 年）
121. 理查德·费曼《量子电动力学》（1985 年）
122. 拉尔夫·雷顿《别闹了，费曼先生！》（1985 年）
123. 奥利弗·萨克斯《错把妻子当帽子》（1985 年）
124. 詹姆斯·格里克《混沌》（1987 年）
125. 史蒂芬·霍金《时间简史》（1988 年）
126. 沃纳·海森堡《与爱因斯坦的相遇》（1989 年）
127. 大卫·爱登堡《生命的进化》（1992 年）
128. 戴瓦·索贝尔《经度》（1995 年）
129. 西蒙·辛格《费马大定理》（1997 年）
130. 理查德·道金斯《解析彩虹》（1998 年）

译名对照表

人名

Abd al-Rahman al-Sufi　阿卜杜勒·拉赫曼·苏菲

Abū Ja'far Muḥammad ibn Mūsā al-Khwārizmī　阿布·阿卜杜拉·穆罕默德·伊本·穆萨·花拉子密

Abū 'Alī al-Ḥasan ibn al-Haytham　伊本·艾尔·海什木

Abū 'Alī al-Ḥusayn ibn 'Abd Allāh ibn al-Ḥasan ibn 'Alī ibn Sīnā　阿布·阿里·侯赛因·本·阿卜杜拉·本·哈桑·本·阿里·本·西拿

Alain Manesson Mallet　阿兰·曼尼森·马莱

Albert Einstein　阿尔伯特·爱因斯坦

Alexander Gordon　亚历山大·戈登

Alexander von Humboldt　亚历山大·冯·洪堡

Alfred North Whitehead　阿弗烈·诺夫·怀特海

Alfred Russel Wallace　阿尔弗雷德·拉塞尔·华莱士

Alfred Wegener　阿尔弗雷德·魏格纳

Allen Lane　艾伦·莱恩

Alvin Toffler　阿尔文·托夫勒

Andrea del Verroccio　安德烈·德尔·韦罗基奥

Andreas Cellarius　安德烈亚斯·策拉留斯

Andreas Osiander　安德烈亚斯·奥西安德

Andreas Vesalius　安德烈·维萨里

Andrew Wiles　安德鲁·怀尔斯

Angela Saini　安吉拉·萨伊尼

Anne Sayre　安妮·塞尔

Antoine Lavoisier　安托万·拉瓦锡

Antoinette Brown Blackwell　安托瓦妮特·布朗·布莱克韦尔

Archimedes　阿基米德

Arisarchus　阿利斯塔克

Aristotle　亚里士多德

Armand Leroi　阿曼·莱罗

Arthur Eddington　亚瑟·爱丁顿

Augusta Ada Lovlace　奥古斯塔·艾达·洛夫莱斯

Augustus Pugin　奥古斯都·普金

Baden Powell　巴登·鲍威尔

Bartolomeo　巴尔托洛梅奥

Bartolomeu Velho　巴尔托洛梅乌·维利乌

Bertrand Russell　伯特兰·罗素

Bhāskara II　婆什迦罗第二

Bill Bryson　比尔·布莱森

Brahmagupta　婆罗摩笈多

Brian Clegg　布赖恩·克莱格

Brian Cox　布莱恩·考克斯

Carl Sagan　卡尔·萨根

Carl von Linné　卡尔·冯·林奈

Carlo Rovelli　卡洛·罗韦利

Caroline Kennard　卡罗琳·肯纳德

Charles Babbage　查尔斯·巴贝奇

Charles Darwin　查尔斯·达尔文

Charles Lyell　查尔斯·莱尔

Chelsea　切尔西

Christiaan Huygens　克里斯蒂安·惠更斯

Claire Saunders　克莱尔·桑德斯

Claude Vignon　克劳德·维尼翁

Galenus　盖伦

Columbus　哥伦布

Comte de Buffon　布封伯爵

D. H. Lawrence　戴维·赫伯特·劳伦斯

Daniel Dennett　丹尼尔·丹尼特

Dava Sobel　戴瓦·索贝尔

David Attenborough　大卫·爱登堡

David Bohm　戴维·玻姆

David Foster Wallace　大卫·福斯特·华莱士

David Hilbert　戴维·希尔伯特

David Wootton　戴维·伍顿

Democritus　德谟克里特斯

Desmond Morris　德斯蒙德·莫利斯

Diophantus　丢番图

Donald Hebb　唐纳德·赫布

Donna Strickland　唐娜·斯特里克兰

Douglas Richard Hofstadter　道格拉斯·理查·郝夫斯台特

Eadweard Muybridge　埃德沃德·迈布里奇

Earl of Cork　科克伯爵

Eckart von Hirschhausen　埃卡特·冯·赫斯豪森

Edward Lorenz　爱德华·罗伦兹

Edward Muggeridge　爱德华·迈布里奇

Edwin Abbott　埃德温·艾勃特

Edwin Smith　埃德温·史密斯

Elizabeth Clinton　伊丽莎白·克林顿

Emmy Noether　埃米·诺特

Epicurus　伊壁鸠鲁

Erasmus Darwin　伊拉斯谟斯·达尔文

Ernest Rutherford　欧内斯特·卢瑟福

Ernst Haeckel　恩斯特·海克尔

Erwin Schrödinger　埃尔温·薛定谔

Euclid　欧几里得

Fibonacci　斐波那契

Francis Bacon　弗朗西斯·培根

Francis Crick　弗朗西斯·克里克

François Langlois　弗朗索瓦·朗格卢瓦

Friederike Charlotte　弗里德里克·夏洛特

Friedrich Georg Weitsch　弗里德里克·格奥尔格·魏奇

Galileo Galilei　伽利略·伽利雷

Gautier de Metz　戈蒂埃·德·梅茨

George Boole　乔治·布尔

George Cruikshank　乔治·克鲁克香克

George Ehret Dionysius　乔治·埃雷特·狄奥尼修斯

Georges Cuvier　乔治·居维叶

Georges-Louis Leclerc　乔治-路易斯·勒克来克

Georgius Agricola　格奥尔格·阿格里科拉

Gerolamo Cardano　吉罗拉莫·卡尔达诺

Giammaria Mazzuchelli　贾迈里亚·马祖切利

Gillian　吉莉安

Giorgio Liberale　乔治·利贝拉莱

Gregor Mendel　格雷戈尔·孟德尔

Guillaume de Conches　纪尧姆·德·孔什

Gustav Eckstein　古斯塔夫·埃克斯坦

Guy de Foulques　盖伊·德·福尔克

Hans von Aachen　汉斯·冯·亚琛

Hans Zinsser　汉斯·辛瑟尔

Heinrich Hammer　海因里希·哈默

Hendrick Heerschop　亨德里克·海尔肖普

Henri Becquerel　亨利·贝克勒尔

Henricus Martellus　亨里克斯·马提勒斯

Henrietta Lacks　海瑞塔·拉克斯

Henry Billingsley　亨利·比林斯利

Henry Gray　亨利·格雷

Henry Hunter　亨利·亨特

Henry Thomas Colebrooke　亨利·托马斯·科尔布鲁克

Henry Vandyke Carter　亨利·范戴克·卡特

Herbert George Wells　赫伯特·乔治·威尔斯

Hipparchus　希帕克

Hippocrates　希波克拉底

Humphry Davy　汉弗莱·戴维

Hypatia　希帕蒂娅

Ian Malcolm　伊恩·马尔科姆

Ibn Al-Haytham　伊本·艾尔·海什木

Ibn Sīnā　伊本·西拿

Ignaz Semmelweis　伊格纳茨·泽梅尔魏斯

Isaac Newton　艾萨克·牛顿

J. D. B. Stillman　J. D. B. 斯蒂尔曼

J.P. Walsh　J. P. 沃尔什

Jacob Bronowski　雅各布·布洛诺夫斯基

Jacques Monod　雅克·莫诺

James Clerk Maxwell　詹姆斯·克拉克·麦克斯韦

James Gleick　詹姆斯·格里克

James Hutton　詹姆斯·赫顿

James Lovelock　詹姆斯·洛夫洛克

James Nasmyth　詹姆斯·内史密斯

James Watson　詹姆斯·沃森

Jan Collaert I　简·科莱特一世

Jeff Goldblum　杰夫·高布伦

Jean-Baptiste Lamarck　让-巴蒂斯特·拉马克

Jean-Henri Fabre　让-亨利·法布尔

Jeff Forshaw　杰夫·福修

Jeremy Lewis　杰瑞米·刘易斯

Johannes Gutenberg　约翰内斯·谷登堡

Johannes Kepler　约翰尼斯·开普勒

Johannes Kerseboom　约翰内斯·克塞布姆

Robert Hooke　罗伯特·胡克

Robert of Chester　罗伯特

Roger Bacon　罗杰·培根

Ronald Reagan　罗纳德·里根

Rosalind Franklin　罗莎琳德·富兰克林

Rudolf II　鲁道夫二世

Sabine Hossenfelder　萨拜因·霍森菲尔德

Samuel Pepys　塞缪尔·佩皮斯

Samuel Wilberforce　塞缪尔·威尔伯福斯

Sappho　萨福

Sean Carroll　肖恩·卡罗尔

Sebastian Münster　塞巴斯蒂安·明斯特尔

Simon Singh　西蒙·辛格

Stefano della Bella　斯特凡诺·德拉·贝拉

Stephen Hawking　史蒂芬·霍金

Stuart Firestein　斯图尔特·法尔斯坦

Terry Pratchett　泰瑞·普拉切特

Thales　泰勒斯

Thomas Huxley　托马斯·赫胥黎

Thomas Kuhn　托马斯·库恩

Thomas Malthus　托马斯·马尔萨斯

Titus Lucretius Carus　提图斯·卢克莱修·
卡鲁斯

Tom Kitch　汤姆·基奇

Thomas Rowlandson　托马斯·罗兰森

Tycho Brahe　第谷·布拉赫

Werner Heisenberg　沃纳·海森堡

William Garnett　威廉·加尼特

William Gilbert　威廉·吉尔伯特

William Harvey　威廉·哈维

William Henry Worthington　威廉·亨利·
沃辛顿

William Herschel　威廉·赫歇尔

William MacGillivray　威廉·麦吉利夫雷

William Warder Norton　威廉·沃德·诺顿

William West　威廉·韦斯特

Wolfgang Meyerpeck　沃尔夫冈·迈耶佩克

Yuval Noah Harari　尤瓦尔·诺亚·赫拉利

Émilie du Châtelet　夏特莱侯爵夫人

Ḥunayn ibn Isḥaq　侯奈因·伊本·伊斯哈格

其他

abjad　迦南字母

Accademia dei Lincei　猞猁之眼国家科学院

acidifying　酸化

An Eternal Golden Braid　"集异璧之大成"

atomos　原子

Baconian　培根主义

binomial nomenclature　双名法

caloric　热

Cavendish Laboratory　卡文迪许实验室

cladistics　支序系统学

classical period　古典时期

Crown of Treatises　"著作之冠"

deferent　均轮

dephlogisticated air　脱燃素气体

discovery　发现

domain　域

eccentric　偏心点

epicycles　本轮

exceptionalism　例外论

filament　细丝

fluxions　流数术

futurology　未来学

Gaia hypothesis　盖亚假说

geometry　几何学

Hebbian learning　赫布理论

hieratic　僧侣体

hieroglyphs　圣书体象形文字

ideogram　表意文字

Ishango Bone　伊尚戈骨

kingdom　界

Lebombo Bone　莱邦博骨

Lunar Society of Birmingham　伯明翰月光社

meme　模因

Miletus　米利都学派

minumcule　基本字母

occult　"超自然的"

oxygen　氧气

paradigm shift　范式转移

phlogiston theory　燃素论

pictogram　象形图

Pythagoras's theorem　毕达哥拉斯定理

recapitulation theory　复演说

Royal Society　皇家学会

Samos　萨摩斯岛

School of Peter Lely　彼得·莱利学院

scientist　科学家

致 谢

感谢吉莉安、丽贝卡和切尔西。

感谢伊丽莎白·克林顿，汤姆·基奇，克莱尔·桑德斯，凯特·沙纳汉和所有参与制作这本书的人。特别感谢西蒙·辛格和约翰·格里宾，他们是众多科学作家中的一员，他们的作品让我着迷。